"至美"看美国

至美前程教育集团 著

中国商业出版社

《"至美"看美国》编委会

主　编　　　张　蓓
编委会成员　郭　芳　周　咏　王斯琪　王瑞升
　　　　　　　　邱　雪　王婧雯　高　效　史晓宇

序
用脚步丈量教育的距离

至美前程作为一家集留学咨询、语言培训、国际项目运营为一体的综合性教育机构,由于教研合作的关系,非常有幸在这个假期受邀前往美国,深入到美国的高校和企业实地参观考察。同时,至美前程也将关怀送给了众多海外至美学子,履行了"关注终身成长"的承诺。本次至美团队大量深入到中国留学生的生活中,实地感受他们的学习工作环境,深度探寻他们成长的轨迹,全面了解到他们在美国的现状。为了能让本书更具专业性和实用性,在编写过程中重点以当前在美国名校就读或在名企就业的中国学子为背景,为我们未来更多的年轻人提供成长的样本。

在当今中国的人才供需市场,始终存在着结构性失衡的现象。一方面很多企业宣称招不到合适的人员,另一方面大量的毕业生找不到合适的工作。这从侧面透露出我们的教育没有真正培养出学生具备适应企业需求的工作技能。

为什么美国的科技在全世界居于领先地位?为什么美国赢得的诺贝尔奖全球最多?为什么美国的大学拥有世界大部分的学术研究成果?为什么赴美留学的中国学生人数日益增长?

至美看美国

带着对这些问题的思考,至美前程专家团队横跨美国东西海岸,从华尔街到硅谷,从哈耶普到斯坦福,累计探访了20多家名企,深入30余所名校,调研了100多名中国留学生学习、就业的现状。

在名校方面,走访了哥伦比亚大学、纽约大学、宾夕法尼亚大学、普林斯顿大学、约翰霍普金斯大学、耶鲁大学、麻省理工学院、哈佛大学、斯坦福大学、加州大学伯克利分校、加州理工学院、南加州大学等30所美国顶尖名校。通过参加各类论坛、学术会议、与大学教授、招生官交流、实验室参观等,深度了解各个学校在招生、研究、就业、奖学金发放等方面的传统与新政策,特别对关于国际学生的问题进行了深入的交流。这为我们在未来为准留学生们的选校、选专业方面提供了非常有价值的参考。

在企业方面,走访了高盛、摩根、花旗、美林、Google、脸谱、eBay、Uber、Twitter、ETS美国教育考试服务中心等20余家美国优秀代表机构。通过与企业管理者探讨,了解不同行业在用人招聘、晋升发展方面的差异性,特别听取了华人在当地就业的现状,包括工作表现及适应性等评价,这为我们在未来给学生做"以职业为导向来规划留学"方面提供了非常宝贵的依据。

多年前,至美前程曾独家引进美国的"CBE能力本位教育"体系,在中国的土壤上取得了初步的成功。这次,又再次与美国教育主管部门有了更深刻的探讨和合作,从经济、文化、政府及能力本位教育自身运营体系等方面,让我们更充分地体会到美国教育优秀的原因,也感受到教育和一个国家的经济发展的需求、文化价值取向息息相关。

在美国的基础教育中,参与基础教育课程设计的包括脑科学家

Preface 序

和心理学家。学生在小学毕业的时候就知道如何利用图书馆查阅文献资料；在高中毕业，就有野外生存能力、社会沟通和生存能力；在大学阶段更重视通识教育，注重阅读习惯的培养，通过文艺将人的左右脑贯通。美国教育一直强调使学生养成终身受益的学习习惯，在美国的大街上、机场、车站、地铁里，你可以看到很多人在读书，而在中国，看到的更多是沉迷于手机及网络的低头族。

美国首位华裔女部长赵小兰曾表示：教育是传统的改变人命运的一种方式，在美国新移民群体中，获得了高等教育之后的移民融入美国社会的机会远远高于没有接受高等教育的新移民。所以，更加关注教育的族群，他们在美国融入教育的概率远远高于不关注教育的群体。

通过这段时间和大量至美学子的相处，让我们感受到这群年轻人的改变。他们曾怀揣梦想，并孜孜不倦地追求，最终走进金字塔顶端的世界名校，乃至就职于梦寐以求的世界名企。他们从最初在国内时的青涩、懵懂，到现在在海外名校、名企的自由驰骋，我们的老师都在感叹着每位学子的变化，都在热议每位学子是如何在遇到障碍时候的跨越，遇到痛苦时候的坚持，遇到茫然时候的笃定前行。在他们当中，并不是每个人都是资质超群的人，也许在国内学校时和大部分学生一样，GPA不高，托福GRE刷分不理想，实习科研经历少等等，他们也曾面临过苦闷和绝望，也曾迷失过自己，但他们都有一个共同特点，就是在遇到困难时最终没有选择放弃，他们一直为了梦想坚持奋斗，不断超越，一步步地将不可能变为可能，最终成就了现在的自己。

随着教育全球化、人才全球化的发展趋势，留学将变得越来越大

众化,而美国大学对于中国教育所产生的影响力及冲击力也将更大。了解先进的教育理念和教育方式,也就成了我们必然关注的方向和学生及家长的必修课。而我们编撰本书的目的,也正是为了让中国的家长、学子和教育工作者对美国大学之精髓有更深的了解。

最后,感谢在此行中接待我们的政府机构、大学、企业;感谢给予我们帮助的教授、职员;感谢最亲爱的至美学子们无限分享自己的成长与经历;当然还要感谢至美团队,无论是前期赴美的参与者,还是后期的编撰者,还是更多的支持者。有你们才有本书的出品……这为我们进一步了解美国教育、就业及社会提供了又一手鲜活的资讯,将会共同促进中美教育更好地交流、学习。但一本书的内容只能算是冰山一角,为了更深入地理解与交流,本书中出现的学生及企业导师,至美前程在接下来将会有计划性地组织他们宣讲,探讨学习方法、分享美国名校申请的经历、交流实习就业的经验等重要内容。但我最希望的是有更多的中国学生能走出国门,亲自去感受、去体验、去了解一个属于每个人自己的美国。

在未来,至美前程仍将在教育国际化的道路上不遗余力,让更多的中国学生享受到全球最优质的教育,并期待每一个学生用教育来完善自己:提升灵魂的承载力和改变看世界的眼光。

至美前程教育集团总裁

目录
Contents

Chapter 1　至美说 …………………………………… 1

在美国——蜕变与重视 …………………………………… 2
纽约——努力才有机会 …………………………………… 6
在哈佛的日子里 …………………………………… 9
我眼中的中美教育 …………………………………… 12
Be Careful and Stop …………………………………… 17
在快与慢之间，坚持行走和感受 …………………………………… 21
透过镜头看美国 …………………………………… 25

Chapter 2　他们在美国 …………………………………… 31

第 一 节　哥伦比亚大学 …………………………………… 32
第 二 节　纽约大学 …………………………………… 44
第 三 节　福德汉姆大学 …………………………………… 53
第 四 节　宾夕法尼亚大学 …………………………………… 63

第 五 节	耶鲁大学	73
第 六 节	麻省理工学院	81
第 七 节	哈佛大学	90
第 八 节	普林斯顿大学	101
第 九 节	布兰迪斯大学	107
第 十 节	波士顿大学	114
第 十 一 节	卡内基梅隆大学	120
第 十 二 节	加州大学伯克利分校	131
第 十 三 节	加州大学洛杉矶分校	142
第 十 四 节	南加州大学	148
第 十 五 节	加州理工学院	158
第 十 六 节	斯坦福大学	165
第 十 七 节	乔治城大学	174
第 十 八 节	乔治华盛顿大学	179
第 十 九 节	约翰霍普金斯大学	183
第 二 十 节	康奈尔大学	189
第二十一节	芝加哥大学	195

Chapter 3　Lisa 看美国 ····· 201

写在前面的话 ····· 202
教育是否真的终结了？ ····· 203
就业高地：硅谷 VS 华尔街 ····· 216
美国的那些点滴 ····· 227

附录 ··· 233

中美使领馆信息 ··· 234
美国留学规划——留学注意事项 ··· 237
CBE 中国简介 ··· 240

Chapter 1

至美说

至美看美国

在美国——蜕变与重视>>

——冯抒恺（Sara Feng）

蜕变

崔博闻（就读于南加州大学生物工程）和冯抒恺老师在南加州大学生物工程学院的合影

"很感谢你们帮我来到这个学校……"
——崔博闻

出国留学能带来什么？高学历？牛背景？好工作？但很少有人会看到一个留学生从踏出国门开始的蜕变：经历，成长、领悟只在一瞬间。

来到美国，让我最为开心，不，是让我最为动容的，不是纽约时代广场的喧嚣，不是哈佛大学的气韵，也不是我为已在加州工作的几个学生的骄傲；而是这个就读于南加州大学（University of Southern California）硕士项目，本科就读国内 211 高校生物工程专业的崔博闻同学。

至美说

说起来他算是我学生中非常平凡的一个,和国内很多大学生一样,高考后,在没有太多选择的情况下进入211工程的华中农业大学,读了一个既不喜欢也不讨厌的专业。最初见到他,我能从他身上看到大多数中国大学生对自身未来发展的茫然。不知道学这个是为了什么,不知道将来毕业后要做什么?当然,你也很难让现今的大学生通过国内大学专业课程的学习,找寻到自己的目标和职业发展定位,这些也是这个学生的问题。

这一次在美国的见面,让我重新认识了这个孩子。我记得他出发去美国前一个多月的时候,他妈妈来见我,还在让我帮他安排去美国的行前准备工作(学习和专业上)以及最后一个月的英语学习计划。但在美国一年不到的时间里,通过和他的聊天,我发现他不仅在学业上取得了远超于在国内华中农业大学时的平均成绩,还在这个基础上自学了计算机的课程,暑假也给自己安排了计算机的网课,并准备开始在美国实习,这些或许是他一年前不敢想象的改变。所以,他在美国再次见到我时便和我说了这样一番话:"我很感谢你让我来到这个学校,我很喜欢这里,南加州大学也给予了我更多的机会、更多的选择。"

一个要靠父母决定将来方向、成绩刚刚过线、性格内敛不自信的孩子,在我们的帮助以及美国大环境的影响下,蜕变成一个有担当、懂得去给自己定目标方向、并努力去实现的人。我相信在美国这一年的经历所赋予他的,会影响着他接下来的每一天。

重视

"系主任亲自帮我修改简历,让我顺利找到了实习单位……"——

丁永涛

当我站在加州大学伯克利分校(University of California——Berkeley)一个下课多时的阶梯教室中,看到任课教授还在给学生们耐心解答课堂中的问题时,我想到了我的一位今年刚从美国塔夫茨大学(Tufts University)毕业的学生找实习岗位的经历。他那专业是一年制的硕士项目,每年只招20多人。我的学生去美国时英语水平并不理想,托福(TOEFL)不到90分,可以想象他一开始来到美国的艰难。他告诉我,最初分组的时候很难跟上同组其他学生的进度,在别人讨论下一个问题的时候,他还在思考上一个并试着记录其他人的想法。教授很快发现了这个问题,并在之后的讨论环节中将他分在比较能够带着他的小组,帮助他来适应课堂

刘炟呈(毕业于卡耐基梅隆大学,就业于Google),冯抒恺老师,刘彦成(毕业于卡耐基梅隆大学,就业于PayPal),詹翛然(毕业于卡耐基梅隆大学,就业于威睿)在威睿总部的合影

节奏，慢慢地他也能够在小组中发言，并在演讲环节中分担部分内容。此外，由于是小班教学，系主任也能够接触到每一位学生的情况，为了促进系里学生的就业，他总是亲自帮助一些学生修改他们的求职简历，我的这个学生也不例外，这在国内基本上是不可能的事情。

其实这不是一个特例，之前我们在给学生做申请的时候，还曾出现学生刚拿到美国学校的录取，就收到这个专业的系主任发来的邮件，要求他们利用入学之前的时间开始修改简历，准备迎接每年9月和次年3月的美国招聘季。要知道，在美国文凭和工作经验都是非常重要的，如果你和国内的多数大学生一样，等到快毕业了才去找工作，那么很多情况下，先机永远是被那些早就准备好简历，或者已经拥有半年甚至一年实习经验的学生获得。美国就是这样一个重视教育、重视学生、并给予学生充分机会的地方，但要想抓住机会，你必须付出努力提前准备。

美国大学的教育致力于引导学生去主动学习、去探求知识。作为曾经的留学生，我们在课堂上学习的不是"标准答案是什么"，而是通过自己主动学习，自主学习去寻找解决问题（课题）的方法，并且去验证和实践它。这些也是在日后的工作生活中给予我们指导和启示的不可缺少的一部分，这种思维模式也能帮助我们在日后的工作生活中得到更高的效益。

冯抒恺（Sara Feng）现任至美前程教育集团留学总监
联系邮箱：sarafeng@bechina.org

至美看美国

纽约——努力才有机会>>

——吴曼（Alice Wu）

在纽约工作一年，OPT[1]即将到期，安迪（Andy）和他的女朋友洛拉（Lora）很幸运地都拿到了H-1B[2]，安迪很开心，因为这意味着他终于可以考虑换工作了。

会计硕士毕业，安迪进了一家会所，规模不大，也并不是自己最理想的雇主，但为了拿到H-1B还是去了。这是大部分想留在美国的中国留学生通常会面临的状况。

吴曼老师在华尔街

纽约，美国最大的城市，世界经济的中心。这里濒临大西洋，由五个区组成：布朗克斯区（The Bronx）、布鲁克林区（Brooklyn）、曼哈顿（Manhattan）、皇后区（Queens）、斯塔滕岛（Staten Island）。

曼哈顿仅有57.91平方公里，却是美国，也是世界的金融中心。这里集中了世界金融、证券、期货及保险等行业的精华。位于下城区(downtown)的华尔街更是美国财富的象征,这条长度仅540米的狭窄街道两旁有2900多家金融和外贸机构。而这条街,就是全世界金融学子的梦想!

纽约市学校数量不少,但能在《美国新闻与世界报道》(US News)排上名的不过5所。哥伦比亚大学(Columbia University in the City of New York,《美国新闻与世界报道》2017综合排名第5名)位于曼哈顿的上城区(uptown),纽约大学(New York University,《美国新闻与世界报道》2017综合排名第36名)位于中城区,福德汉姆大学(Fordham University,《美国新闻与世界报道》2017综合排名第60名)距离哥大比较近,而圣约翰大学(St. John's University,《美国新闻与世界报道》2017综合排名第164名)和佩斯大学(Pace University,《美国新闻与世界报道》2017综合排名第188名)则都位于下城区(downtown),离华尔街非常近。

由于得天独厚的地理优势,这5所大学的学生似乎能够轻而易举地找到工作。是的,确实很容易,不过这只是对美国学生而言。受限于国际学生身份,即使在纽约曼哈顿这样遍地都是机会的地方,大部分中国留学生依旧找不到工作。

每年都有成百上千的中国留学生进入纽约,然而在毕业后能留在美国工作的少之又少。"他们"都说在美国找工作太难了,纽约根本不像别人说的那样机会多;有的说我的学校太差了,根本不能跟哥大、纽大比;有的说课业压力很大,根本没有足够的时间找工作;有的说大部分公司和岗位都只招美国学生,留给国际学生的太少;有的说小公司肯定不想去;有的说如果薪水太低都养不活自己……"他们"都有很多理由和借口,只是没有努力。

至美看美国

吴曼老师在时代广场

"我们从开学就在准备求职简历，课外的时间基本都用来跑招聘会以及参加各种商业聚会，找各种途径拓宽自己的交际圈，还要努力装成不那么功利地去跟那些业界精英套近乎，希望能拿到内部推荐。同学经常去看球、购物、旅游，也会很羡慕，觉得别人都在享受生活，而自己整天就是累成狗。但是还是要坚持，因为告诉自己一定要找到工作，一定要留下来。"

每次提到找工作的过程，安迪总是只有这么简短的几句话，但是在这背后却是他日复一日持续了一年的坚持和努力。

"今年拿到H-1B就准备跳槽了，应该会去四大[3]吧。这是当初的目标，平台会更大，机会更多，当然，我也要更努力才行了！纽约这个城市，机会多，人才更多；比你优秀的人多，比你努力的更多！"

不要总是好高骛远，不要期待坐享其成；努力才有机会，just do it！

注：

[1] OPT 即 Optional Practical Training，是美国F1学生签证毕业后的实习期。

[2] H-1B 即 Specialty Occupations/ Temporary Worker Visas（H-1B），是美国签证的一种，指特殊专业人员/临时工作签证。它是美国最主要的工作签证类别，发放给美国公司雇佣的外国籍有专业技能的员工，属于非移民签证的一种。

[3] 四大指世界上著名的四个会计师事务所：普华永道（PwC）、德勤（DTT）、毕马威（KPMG）、安永（EY）。

吴曼（Alice Wu）现任至美前程教育集团留学总监

联系邮箱：alicewu@bechina.org

至美说

在哈佛的日子里>>

——路敏（Anna Lu）

哈佛大学是个很开放的地方，曾经的校园也是游人如织，但中国游客并不似今天这般人潮汹涌，如洪水来去，来参观的小朋友也不如今日这般仿佛消消乐里的图案，一波波无穷无尽，由此可见中国人对优质教育的向往与渴求。我想在哈佛的经历也许是我的幸运，但是幸运的背后更多的是我的努力和付出。

回想年少第一次到美国，却是一次笑中有泪的横冲直闯。

当飞机飞离北京机场时，雀跃的我觉得自己是无所不能的。

而当飞机经过了20小时飞行，空姐开始发入境卡的时候，我一下子就觉得我什么也不会了。入境卡是坐我旁边一个回国过暑假的女同学教我填的，从那时开始，我就突然变得紧张与忐忑了起来，感觉背过的单词学过的英语，全留在了祖国。

如今我将英语教育作为了自己的终身事业，英语随着岁月而渐渐融入骨血，成为我的一部分，再也不会有还给了谁的错觉，也自然再也不会因为出国旅行而窘迫。然而若没有彼时的窘迫，我大概并不会萌发对中式英语教育的反思，更不会有此时想要改变国内英语教育方式的宏图大愿。

至美看美国

从前的我不敢在Harvard college里面逗留,从来都是步伐匆匆地穿过哈佛广场(Harvard Yard),然后绕过坐满休憩游人的小喷泉,钻进科学中心(Science Center)里,从建筑的另一端穿出去到图书馆。曾经的我幼稚地认为这样旁人就不会把我跟游客混为一谈。年纪小的时候就是很爱面子,还因为哈佛法学院大名鼎鼎,就总是绕路到那里的食堂去吃饭,然后发现自己并不能把所有人说的话都听懂,于是就开始苦练英语,不放过任何听说的机会,并自己创造机会。

哈佛大学教育心理学(Educational Psychology)课上同学合影(左起第五个是路敏老师)

哈佛大学科学中心门口的喷泉

至美说

那时的我坚持每周晚上去麻省理工学院（Massachusetts Institute of Technology）参加社团活动，波士顿冬天的温度会降到零下20度，而没有买车的我在公交车站等着不靠谱的公交车就可能要等40分钟，就只是为了能有更多表达自己的机会；那时的我总是独自一个人，坐地铁再转两趟公交，穿越大半个古老得让人觉得有些灰蒙蒙的城市去做义工，就只是为了有更多的机会跟本地人交流；那时的我把白天能挤出来的时间，都挤出来教美国人中文，哪怕晚上不得不熬通宵做作业，就只是为了让对方教我更地道的英语……

实话说，我当时这么做并不是因为我多有想法，而是被逼无奈的。因为在国内，英语老师只告诉我答案，只告诉我要多做题和多背单词，所以我不知道当我不考试也不用背单词的时候，我要如何去学习英语这门语言。

如今看到这么多孩子，能在这么小的时候走出国门看一看，看看世界顶尖学府是什么样的，真的觉得特别好。我由衷地希望，在他们回国之后，能够明白学习的方式不仅仅是通过做题与考试，也希望有人能够告诉他们学习英语的正确方法和习惯。

我就是一个这样的人，一个教授英语学习方法和习惯的人。我会一直教下去，我希望，我能帮助更多的学生。我希望有一日，我不再步伐匆匆地穿过哈佛广场，也不是走马观花地欣赏校园，而是坐在喷泉边，一字一句地告诉我的学生，如何更好地学习，如何成为更好的人。

路敏（Anna Lu）现任至美前程教育集团教学总监
联系邮箱：annalu@bechina.org

至美看美国

我眼中的中美教育>>

——魏友姑（Jenifer Wei）

在美国教书的日子过去得很快，是我生命中的一段插曲，带给我的思考却延续到我生活的每一天。尤其是随着女儿进入小学开始正式的学业生涯，我更深刻地体会到美国教育和中国教育的差异性。

肯斯顿高中教师合影（第五排左二是魏友姑老师）

首先，美国更加注重细节教育。就拿环境保护来说，美国小学到高中的教科书由学校统一发放，学期末的时候会还给学校，最大程度地做到了资源再利用；同时教学生学会爱护财物，有意识地节约资源，保护环境。美国将环境保护的概念融入生活的每一个细节，而在中国每人一套新书的大环境下，学生缺少资源再利用和保护环境的意识。而这些细节将成为一个孩子会成为怎样一个人的基础。

其次,美国更注重培养学生运用知识的实际能力,注重培养学生对权威进行质疑和对知识进行拓展和创造,也就是我们说的批判思维和创造性思维。学校给予每门学科每学期一次 Field Trip 的机会,就是去实地考察。有的学校会安排低年级的学生去超市购物,有的安排去中餐厅练习点餐,有的会安排高年级的学生去不同的公司观摩他们的运作。另外,社会科学课上,老师让学生关注各种社会问题,并分小组去讨论解决问题的办法,在班上进行展示;历史课上,老师让大家通读历史后,分小组做展示。这些课程都没有答案,都是实际问题,需要老师带学生一起去思考和提出可行的解决办法,从中锻炼他们的思维和能力。

相比较而言,中国的教育注重对知识的积累灌输,培养学生对知识和权威的尊重、对知识的继承以及知识体系的构建。当然中国教育也有好的一方面,比方说近年来,国家教育部也提出了承袭文化经典的要求。现在从幼儿园开始,很多学生已经尝试诵读《三字经》等国学经典,到目前,我女儿已经对《弟子规》《三字经》

魏友姑老师在肯斯顿高中布置家长会现场

等国学经典非常熟悉。虽然是对知识的背诵,但是对孩子的思维构建也还是有帮助。

更重要的是,美国比较注重学生的个性发展。在美国,根据学区的不一样,每班人数略有不同,初中每班不会超过30人,小学不超过25人,每个学生都有相应的导师(Advisor),特殊的学生也有特殊教育的老师,从选课到特殊情况都可以找导师进行沟通。导师也会根据学生的程度给予不同课程的建议。比方说我所在学区的外国语课程有4种:法语、西班牙语、俄语和汉语。学校给六年级的学生九周的体验课程,学生可以根据导师的建议和自己的体验合理选择自己感兴趣的语种。

而中国人口众多,传统的基础教育学校每班60多人,即使是所谓的重点学校,也很难顾全每个学生的个性发展。我给女儿选择了一家注重国学经典和英语学习的学校,每班36人。也是希望人少一点,可以得到老师更多的个性关注。

同时,美国注重通过课外活动培养学生的全方面发展,我所在的学校是属于美国俄亥俄州肯斯顿学区(包括一个幼儿园,两个小学,一个初中,一个高中),初中和高中的放学时间为下午2点30,小学因为上学时间稍晚,所以放学时间是3点15分。每个学区的时间略有不同,基本上是每个社区委员会(Community Committee)投票决定,但是放学时间一般不会迟于下午3点30分。放学后,大部分的学生都需要参加一项体育运动,篮球、足球、橄榄球、棒球、慢跑、舞蹈等等。学生根据自己的兴趣爱好进行选择,有专门的教练或老师训练他们。另外,部分中学的学生已经开始利用周末和晚间的时间参与打工,参与社会生活,锻炼自己的沟通能力和解决问题的能力等,也为自己赚点零花钱。

至美说

在中国，普通的学校除了常规的体育课程外，下午5点左右放学后，留给学生运动的时间也被相应的作业填满。常规初中校区的学生也是从七年级或八年级开始就会上晚自习，大部分的高中学生每个月都只有2~3天的休息时间，日常作息从早上6点一直到晚上9点。如果有作业没有完成，晚上10点，甚至11点休息属于非常普遍的现象，尤其是十二年级冲刺的那一年，更别提专门腾出时间来运动了。

当然，这源于大学招生体制的不同。美国最好的学校的录取入学考量标准注重的不止是成绩，也非常注重课外活动，有什么特长，帮慈善机构做了几个小时的义工之类的。中国的大学入学关键是看高考成绩，所以中国学生从小时候开始，家长就怕孩子输在起跑线上，更加关注学科学习，给予了孩子太多课外补习，而忽略了孩子的个性发展。

总的来说，为什么中美教育有这样的差异性？其实源于中美教学目标不同。因为中国人口众多，所以基础教育的学校还是出现了择优录取的情况，在对比的环境下，学校也不可避免地抓学生的成绩。中国初等教育将开发孩子的智力、孩子考出高分看成首要目标。而在美国，初等教育的目的只有一个：培养孩子的创造力。所以对中国孩子来说，一份不好的成绩单会使他面临来自各方的压力。然而在美国，每个学生年终的成绩单都是私人的物品，家长方面也不会给孩子施加过多的压力，他们更看重的是学生能力的提高。

都说中国教育填鸭，只抓成绩，扼杀学生个性，我们需要辩证地看待问题。中国高考延续于古代的科举制度，高考对于选拔人才的确起到了很好的作用，但同时也存在着一定的问题。随着美式

至美看美国

教育传入中国,学生看到了宽松、自由、不抓成绩的环境;家长看到了层出不穷的科学家与多样又注重实践的学校;老师看到了好学、积极、自主学习的学生。他们看到了美式教育的好,却又期望中式教育的结果,照搬美式教育怕结果与预期不符,继续中式教育却又遭遇指责反对。

肯斯顿高中教师照片墙(第三排右二是魏友姑老师)

中美教育存在差距,这是不争的事实。只有看到差距,才能做到改进!教育这件事,学校是一方面,但家长同样起到至关重要的作用。只有各方面共同努力,孩子的成长才能更加好!

魏友姑(Jenifer Wei)现任至美前程教育集团留学总监
联系邮箱:jeniferwei@bechina.org

Chapter 1 至美说

Be Careful and Stop>>

——王茜(Caddie Wang)

Be careful!

在美国说的最多,听到最多的,除了"Excuse me","Thank you",就是"Be careful"。

礼貌、尊重、包容、秩序,深入人心。

在美国很多路口都有一个"Stop"标志,没有监控,没有警察,但进行中的车到了这里就必须停下。看看前方,左右两侧,三向车流是否有车比你先经过,如果是,就需要让行。如果等待十几秒没车就可以过。

周末在街边停车免费,但大部分商店都歇业。这是刚到的第三天,经历了机场的海关盘问和延时等待到凌晨三点的小焦虑紧张,发现在这个遵守规则、热情友好的国度,所谓不安全,一般是小概率事件,或是自己疏忽大意了。多了解规则,多主动沟通,就会为自己适应美国生活扫清很多障碍。

他们的诚信建立在对别人的信任和自我约束之上。点了三个甜点,但是拿到一看是错的。按我们惯用思维,就是换掉。但服务

生却说:"不好意思,我们再重新帮您做三个,那三个送给您啦,因为离开货柜的食物不允许回收。"

从这件小事,看得出对规则的遵守已然成为他们生活里最寻常的信仰。排队、让行,更不在话下。

对比国内的服务,为什么同样的"热情洋溢",在这里会让人更舒服呢?

因为他们的文化、体制和信仰与生俱来。而一个人如果内心深处并不是"热情洋溢"的,他的态度就显得做作甚至是虚假。也许再过几代人,我们也能发展得更好,更加发自内心地自信与从容。

"一个人有那么多的忧愁,是因为他不了解自己的需求,或者他有太多的需求,或者他可能想有所作为,想成为远离自我的任何角色。保持真正的自我形象,不随波逐流,不想成为其他角色,这需要多大的勇气!"——林语堂《美国的智慧》

"他们是如此满足——没有谁因为贪欲而疯狂;它们是如此平等,没有谁会跪向其他动物,也不会跪向生活在几千年前的祖辈;无所谓尊卑,更不必奔忙,在这苍茫的大地上。"——惠特曼《自我之歌》

去另一个州,提前租了一辆车。但是保险费用是到付的。工作人员说50美元一天,10天500美元,超出我预期。争论了一下,工作人员下班了,只好打客服电话求助,让我耐心等待15分钟会有下一名工作人员。

果然,时间一到,换班的工作人员就来了。其实刚到这边,我的口语都是"自圆其说",对方能听懂,说明自己的需求就好了。最后帮我们办好了,13 美元一天保险费,租车 200 美元。

勇敢地去沟通就省了一笔不小的费用。所以留学生初来乍到一定不要什么事都自己闷着,入乡随俗一点,尽快融入到他们的社会,也便于自己更好地学习。

在美国,对小孩的保护和照顾是全民的。关爱孩子,是一个社会进步和文明的风向标。比方说所有大型超市和户外景点都有专为儿童提供的医疗救护服务,免费的基础药物(五官科和急诊科)。

对比国内,这里的警报更容易引起人们的注意。在美国不到一周的时间响过三次安全警报。一旦有小孩走丢,这个区域所有人的手机都会收到小孩走失地点的详细信息。

在这里,对学生的身心健康照顾细致到学校老师要求家长不可以给孩子穿带有明显 Logo 的奢侈或品牌服饰。一个多种族的国家能做到这一点,确实值得中国正在兴起的中产阶层学习。

希望越来越多的学生能在这里打开自己的视野,学习到他们的文化精髓,理解生命的意义,实现自我价值。干净整洁的街道,香浓的牛奶,酸甜可口的水果,24 小时营业的沃尔玛超市……

王茜老师在乔治城大学的约翰·卡罗尔雕像前

至美看美国

还有美得像宫崎骏动画的蓝天白云。

也许你的中国胃会令你想念家乡的食物,但有生之年这里一定值得你来一趟。

检验一流智商的方法,就是使其同时拥有两种冲突的想法,并仍持有去行动的能力。希望每一位至美学子珍惜求学的每一天,它给予你的,不仅仅是知识,而是作为一名中国人,去实现自己的理想和生命的价值。

王茜(Caddie Wang)现任至美前程教育集团留学经理
联系邮箱:caddiewang@bechina.org

Chapter 1 至美说

在快与慢之间,坚持行走和感受 >>

——王亮(Nick Wang)

十几个小时的航班,到了纽约之后,在时代广场附近安顿住下。从正午刺眼的阳光到华灯初上,俯首望去,一片从未间断过的车水马龙,行人如织。

纽约,全来自世界各地的游客、求学者、求职者、创业者挤满这里的大街小巷。大家行色匆匆,在做自己也好,在找自己也罢,让这里的空气流动都显得是快的,快的让我们一晚上就适应了时差。

纽约的快,一方面因为这里是全球的金融中心,汇聚着全球众多的资源,影响着全美甚至全球的经济发展。所有人都希望纽约、更希望美国,在经济上能够继续稳定持续地增长下去。在波士顿点完餐,等待的时间就略长,当然这是相比于纽约的快节奏来说,是慢了点。波士顿当地人倒无所谓,很悠闲地看着报纸喝着咖啡。间隙,我也瞄了一眼新闻推送,看到这样一则新闻《摩根大通总裁称"糟糕的政策"阻碍了美国经济增长》。其实美国近两年的 GDP 依然还是在增长中,只是年增长速度只有 1.5%~2%。很多美国人尤其是很多美国商界巨匠认为,对于一个已经从金融危机中复苏了 9 个年头的世界大国来说,这一步伐是缓慢的,有

至美看美国

的人把执政者的政策当成抨击对象,有的人则认为媒体对这些问题的曝光度还不够。

那天在花旗银行和学生聊天之余,在对面的咖啡厅坐着默默观察了一会儿,排队的人也很急,不是在赶时间,而是急着在讨论,说工作细节的也有,因为大多数在附近工作的是金融行业里的人,你会发现他们喜欢说经济问题,吐槽现在的工作环境,希望有更多更好的机会。人们总是在马不停蹄寻觅更好的机会,而不会把眼光只放在眼前。这也是纽约快节奏的另一个体现。

全世界都把目光聚集在这里,所有来美国的人和希望来美国的人都期待在这里寻求机会和有更好的发展,包括美国人自己。要知道在美国,就业没有地域约束,优秀人才在美国招聘和求职的大环境里面是自由开放的、流动迅速的。所以在申请的时候,我们很多学生也发现一些中青年的专业学者在高等院校、科研单位、企业之间的流动是很常见很频繁的事情,大家会在合适的时机选择最适合自己、最有发展潜力的工作方向和机会。

纽约的快,其实一定程度上也是美国的快的一个缩影。经济发展速度也好,工作和生活节奏也好,包括人才流动的频率和机会,美国人或者说生活和工作在美国的人把高效率放在一个无比重要的位置,希望能够把更

王亮老师在耶鲁大学

多的主动权掌握在自己手里。

不过，这并不影响美国人享受生活，他们自然有慢的一面。在纽黑文这座古城，公园里悠闲的人很多，喝茶的、运动的、唱歌的。也许是这座榆树之城太过充满绿意，这里的人热情、奔放，他们毫不掩饰对于陌生人的欢迎，笑得由衷的自然和亲切。

不过，除了康州的纽黑文，从东往西我们走过一些城市，去了一些高校和企业，有一种慢节奏，最为让人印象深刻。沿着1号公路，在17英里风景区，那座具有波西米亚风情的卡梅尔小城，原始的人文和自然风情给人以朴实温馨的感觉。街道不宽，游人

卡梅尔小城的邮筒

都很有节奏，当地人会很客气地告诉你哪里的海景最美，哪家的饭菜最可口。小城里的住宅装扮，充满了艺术气息，每一家都独具特色，这一点从每家每户的邮筒就能看出来，别出心裁，各具花样。

离开卡梅尔的时候，才听朋友说起现在的卡梅尔仍然禁止张贴广告、商店也不允许装霓虹灯，而且也没有大家熟知的KFC、SUBWAY等快餐店，一切就像原来的样貌。从心里大家希望是这样，能够一直坚持下去。

一座城是一种文化，不一样的环境给予城市不一样的发展机遇，

至美看美国

不一样的文化积淀。不管生活节奏是快是慢，美国人整体上的自由奔放在不同的地方都展现得淋漓尽致。到不同的地方，看不同的人，读不一样的故事。无论生活节奏、经济发展快或者慢，整理行囊和收拾心情后，总归还是会回到自己的生活环境和回归自己的工作节奏。

王亮老师在麻省理工学院的"大圆顶"前

也许十天半个月就会慢慢淡忘这一次在美国的经历，也许一年或者多年后又会偶尔想起那些走过的路，见过的人，说过的话。无论当时是什么心情，也不管现在的感悟会随着时间变化成什么模样，走过的每一段旅程都是积累的一份果实。更重要的是，我们还会去更多不一样的地方，去看、去听、坚持行走，并感受。只管前行，去让我们的背囊里硕果累累。

王亮（Nick Wang）现任至美前程教育集团留学总监
联系邮箱：nickwang@bechina.org

Chapter 1 至美说

透过镜头看美国 >>

——郭芳（Fiona）

在光影交错的曼哈顿时代广场，时间与人潮交互。静立其中，时间仿佛停滞，分秒融化在闪烁的 LED 灯牌中，梦境与现实氤氲出无法描述的幻觉。下一秒间，时间又仿佛汹涌袭来的浪，用奢侈繁荣的心跳提醒着你，这里是世界经济的中心。站在纽约街头，时差让人有一种穿越的错觉，"至美看美国"行程便从这里开启……

镜头下的美国

作为此行的摄影师，我很

郭芳老师在时代广场

至美看美国

多时候都是在用镜头记录下最真实的美国印象。跟随摄影镜头,我踏遍了美国的顶尖名校,深入了科技中心硅谷名企,横扫了东西海岸的风景名胜,其中最能体现美利坚合众国自由奔放特点的,要数那些无时无刻不出现在镜头前热情呼应的美国人民!

无论是喧嚣的纽约

郭芳老师看美国

街头,还是宁静的校园小径,山姆大叔就像一名快乐的嘻哈歌手,边唱着 free style 边闯进我的镜头里,给我们带来许多意外的惊喜。扮成玩偶的街头表演艺术家热烈的拥抱,路面清洁工乐观热情地挥手"say hi",摄影爱好者对于我拍摄技巧的主动指导,以及来自世界各国各种口音的"best education"……这些可爱画面的完美组合,构成了最丰富最真实的美国。

人与人之间的信任和友爱是这里留给我最深刻的印象。在拥挤的时代广场,如果你遇到可爱的小孩想要合影,不用担心会遭到拒绝,对方会热情主动地把小孩抱给你;在酒店,如果不小心将房卡忘在房间,只要记得房间号,帅气的前台服务员会立即补给

至美说

Chapter 1

你一张；快餐店很多时候是自助收银，食物做好就递给你，不会检查你有没有买单；遇到问题后大家轻松友好的解决方式也会让人感到满心温暖。

如果给你十分钟，你要怎样处理一辆租用汽车的被撞坏的后视镜？美国人的答案是：一卷胶带！没有什么比快乐和自由更为重要。

与人类和谐相处的小动物们，也是这里独有的一道风景。宾大校园里随处可见的小松鼠，普林斯顿夜晚遍地的萤火虫，哈佛草地里捉迷藏的兔子，美国教育考试服务中心办公楼外冲着人群扑闪眼睛的小鹿，还有追赶三只小鹿欢欣雀跃的我们，共同谱写出这段奇妙旅程最美妙的乐章。

郭芳老师在斯坦福大学的草坪上

至美看美国

名校的光

如果分别用一个词形容我看到的美国名校,那么斯坦福大学就是一座华丽的"宫殿",西班牙式的建筑群中雕刻着一种无法超越的贵族气质;伯克利大学最像童话王子的"后花园",钟楼里藏着不可言说的秘密;耶鲁大学是一处复古而浪漫的"文艺小镇",每一级台阶都仿佛百老汇的一座舞台,剧院幽灵与蝴蝶夫人的故事接连上演,从不落幕;田园少女般的布兰迪斯大学让人最为"惊喜",走在静谧的校园小路上,仿佛置身日光与绿意修砌的庄园,让人只想奢侈地享受这份宁静的美好,用一个午后偷闲学一次少年;哈佛的盛名为它带来了如"热门景点"般络绎不绝的嘈杂纷扰,但每当夜幕降临,游客散去,月光会为它卸去浮躁与尘俗,露出哈佛大学真实美丽的模样,而这份动人,只献给那挑灯的学子,和为学子指路的繁星。

郭芳老师在哈佛大学图书馆

你的成长，我的耕耘

花旗银行是我们本次企业探访的第一站，在这里工作的至美学子陈兴雨（化名），用他礼貌的微笑、流利的口语以及沉稳的言谈，让我们看到了一个深深融入美国文化的青年才俊。就职于 PayPal 的刘彦成同学，这次在硅谷的见面距离上次已有一年多之隔，曾经清瘦的他如今已被成功树立为微胖界的标杆，秘诀就在于每天朝十晚自由的工作状态，进入硅谷，你也可以拥有。走进威睿（VMware）大楼，詹翛然带领我们参观了他凌乱的办公室和最爱的员工厨房，友好的同事关系和丰富的午后茶点是他每天开心工作的源动力，还记得上一回见面是在至美举办的活动现场，翻看当时的照片还能依稀可见他青涩的脸庞，如今却是办公室里一枚"老腊肉"，举手投足间透露着气宇不凡的风度。已在 Google 工作 1 年多的刘炟呈同学，身上仍旧穿着武大校庆纪念版 T 恤，在我们深入了解 Google 企业文化的同时，也重新认识了这位扎根硅谷中心的至美学子，心中仍是那个不忘初心的少年！

你们已在不断成长，我们仍在默默耕耘。你们以至美为原点走向世界，画出一条条圆满的轨迹，至美以你们为动力蓬勃发展，努力让至美的种子飘洒全球。请继续努力，继续成长，你们曾在至美挥汗写下的人生起笔，定会连结绚烂辉煌的篇章。

"至美看美国"，我们看到了最美丽的校园、最前沿的科技以及最可爱的学子，镜头能够记录下来的点点滴滴，无法完全展示这段旅程的绚烂夺目，而我们想传达给大家的，是至美用真正做教育的心态，一步一脚印探访世界，用最真实的体验和最专业的眼光，

带领更多的学子看向世界。

此时此刻无尽感慨的我,早已离开美国回到了武汉的怀抱,站在至美位于武汉大学广场的办公室 18 楼的窗前眺望天际,窗外车流不息,人声阵阵,将我又带回初到美国的那一日。那一夜我们站在纳斯达克的楼下,仰望着它闪烁的招牌,畅想着有关我们与它那美好的未来,心激动地跳跃,眼中闪耀着期待的光芒。站在窗前静静回忆的我,耳中悠悠传来纳斯达克的钟声,经久不息……

郭芳(Fiona Guo)现任至美前程教育集团企划经理
联系邮箱:fionaguo@bechina.org

Chapter 2

他们在美国

至美看美国

第一节　哥伦比亚大学>>

▶ 哥伦比亚大学和纽约的关系,与斯坦福大学和硅谷的关系,似乎有异曲同工之妙。就连哥伦比亚大学的英文名字里面直接就是在纽约市的哥伦比亚大学：Columbia University in the City of New York。如果要融入哥伦比亚大学,就一定要先喜欢纽约这个大苹果。纽约的快节奏,让融入其中的哥伦比亚大学也有了相应的特色,走进哥伦比亚大学的校园,尽管是暑假中,我们看到的依旧是步履匆匆的老师和学生;而纽约的兼容并蓄也为哥伦比亚大学的学生创造了很多打开视野的机会,比方说由于联合国的总部设在纽约,所以每年有多位国家首脑和政要来哥大校园做演讲。

除了和纽约的密切联系,哥伦比亚大学也为自己学科的平衡性而骄傲。哥大无论是本科学院、新闻学院、商学院、法学院、艺术学院还是工学院的排名都在美国名列前茅,这是很多顶尖的研究型大学都无法达到的。

从纽约到硅谷的穿梭
——访哥伦比亚大学蓟衡同学

王亮：跟大家简单聊一聊你在美国这边学习的感受，有哪些不一样的体验？

蓟衡：我是来自中国科学技术大学的蓟衡。我感觉这边的学习和实践联系会比较紧密。我在哥伦比亚大学是读

蓟衡和王亮老师在硅谷共进晚餐

EE，刚去的时候就学了一点计算机的课，比方说机器学习和大数据处理。由于我第一学期就找到实习了，然后第二学期就相应地针对这个实习学了公司希望我们学的一些课，大概就是一些 EE 的课程，比如说信息学。

王亮：现在在 EE 这方面选课其实大家会倾向于往 CS 这边进行一个交叉选课，学生在哥大选课是有一个比较大的自由度吗？

蓟衡：一般在我们学校 EE 的同学，尽量会多选一些 CS 的课程，能选到尽量多的都会尽量多选。CS 的工作普遍会比 EE 的工作多很多，工资也会高一点，所以大家都会这样选课。哥大是不会限制 EE 的学生选 CS 的课，但是要 CS 的同学先选所有的课，如果他们选完这些课还有名额，只要能选上就可以去上这个课。毕业的时候是要求有 15 个学分的 EE 方向内的课程，但是这个方

向内本来就有一些 EE 和 CS 融合的课程，所以如果想全部学很软件的课也是可以选到的。即使学 EE，这个课属于 EE，但是教的也是 CS 的东西。

政策每年都在变，所以一般都会在官网上说明选课要求，但是具体选课的优先权可能不会在网上有，只能问学长，学长可能也不知道，只有开学了大家开始选课了才知道。所以在我们前一年 EE 会更早有机会选 CS 的课，我们这一届就稍微晚一点，下一届我不知道会是什么样。

王亮：听你说找实习，好像不是很难，说说你的经验吧。

蓟衡：我感觉我找实习可能找的比较早吧，当时很早就确定了自己暑假会来旧金山湾区硅谷这边。

王亮：你对美国公司的实习，有什么特别的感受？

蓟衡：我是今年 5 月 22 号开始在这边实习，来了之后就学了一下车。在美国要自己开车比较方便，然后自己再找找房子，这些都弄好就准备开始工作了。在这边工作的时候，我觉得环境比较轻松，起码在我工作的过程中公司没有太严格。公司更在意的是我们的创意和效率。另外，公司给我们准备了一个健身房，我也办了会员，中午就可以去打篮球或者健身，所以就比较舒服。

环境：你毕业之后的计划和打算是怎样的呢？

蓟衡：毕业之后肯定尽量还是先在这边工作，但是首先要看实习公司对我暑假的工作是不是满意，再看我今后再去面试其他公司或者会不会想找其他公司，才能做出决定。但是大致方向就是找 CS 的工作，基本上需要准备的就是刷一些算法题。因为我觉得

大部分公司在 CS 方面要求不是那么高，具备基本的知识结构，去了之后都能弄明白，所以公司主要是看看你这个人，看你能不能掌握到他们要求的学习程度。EE 专业的学生在找工作的时候，公司不会因为你是不是 CS 专业就怎样。他们更多的是会看你的实力，而不会在乎你的专业，所以我之后应该就会找一些CS 相关的工作。

哥大和华尔街的距离
——访哥伦比亚大学陈兴雨(化名)同学

吴曼：你好，兴雨，两年不见，现在感觉你很职业哦！很开心这次能在纽约跟你见面！先简单地做一个自我介绍吧。

陈兴雨：OK! 大家好！我是武汉大学数理金融专业 2015 届学生，本科毕业了之后我进入了哥伦比亚大学就读数理金融硕士项目，现在研究生已经毕业，在美国花旗银行的 Quantitative Trading Program 工作。

吴曼：你先给我们介绍一下哥大的数理金融项目吧，你觉得收获大吗？

陈兴雨：哥大的数理金融专业是数学学院，会有很多数学、金融和编程方面的训练。总的来说在哥大学习压力还是挺大的，因为能进来的学生背景都很厉害，很多学生之前都有参与过一些大项目，我觉得我自己的背景在这里算是很普通的了。但是因为在纽约市，而且哥大毕竟名气还是很不错，所以相对机会还是比其他学校类似项目的学生要多。

吴曼：你是怎么找到现在这份工作的呢？

陈兴雨：花旗银行每年会在纽约几所学校进行校招，专门针对金融工程以及数理金融类专业的学生。而我目前所在的这个项目组就属于研究生项目，在花旗里面，很多项目是只招美本的学生的。我记得我们当时是先组织了一次电话面试，然后会有一个在电脑上完成的专业能力测试，接着还有数学能力考试，然后再有一轮现场面试。我们这个项目组里面基本都是一些背景相当的，比方说哥伦比亚大学、纽约大学、卡内基梅隆大学的金融工程或数理金融的学生。

吴曼：看来得到这个工作还是很不容易的。那你现在所处的项目组主要是负责哪些工作呢？

陈兴雨：我现在的工作属于初级量化分析，负责给对冲基金提供一些停止放贷这样的工作。我们分固定收益（Fix Income）和股本资产（Equity）两个部门。固定收益部门里面又有信用部门（Credits）、收益率部门（Rates），还有外汇交易部门（Foreign Currency）。我这个项目组是在股本资产部门（Equity Department）下面。股本资产部门是我们花旗很强的一个业务板块，花旗投入了很多资源。

吴曼：那你们项目组里面还有没有其他中国学生呢？

陈兴雨：我们部门除了我所在的项目组以外，还有销售交易项目组。但是做销售交易工作的基本是一些美国的本科生，而量化分析组则有一些像我这样的有金工或者数理相关硕士以及博士文凭的中国学生。

吴曼：你感觉现在金融行业更希望吸纳什么背景的学生？

陈兴雨：你如果有类似数据分析或者编程这样的数理背景，那么相对找工作是比较容易的。像我们花旗里面，只有这一个量化项

目组（Sales and Trading）是会招有硕士学位的学生的，其他的项目组只招美国的本科生。所以我觉得对于从内地过来读研究生的学生来说，有数理方面的硕士文凭是相对来说更好找工作。

吴曼：你能说一下自己短期的职业规划吗？

陈兴雨：我很喜欢花旗的量化项目组，因为在这个项目组里面是有机会能够轮转到销售交易（Sales and Trading）项目的。我觉得在华尔街大投行里面，花旗是唯一一个会给量化分析（Quant Analyst）这样的机会的。我们这个项目是两年，一年会有一个轮岗机会（Rotation），理论上你可以选择一个轮岗机会在量化项目组，一个轮岗机会在交易项目组（Trading）；或者一个在策略项目组（Strategy），一个在销售项目组（Sales），这个项目会给你各个方面的展示机会，不管是公司还是你自己都可以很好的了解到你的能力和兴趣在哪里。两年后会有一个晋升，会是经理的职位。所以我这两年的计划是去两个我比较喜欢的产品线做轮转，然后近期的目标是两年之后晋升到经理的时候可以选到一个自己很喜欢也很擅长的产品线。

吴曼：花旗是否需要经常加班呢？

陈兴雨：不同的小组情况不一样。像我们量化组（Quant）其实很少加班，因为主要是一些长期的产品；如果是做交易工作（Trading），就会有加班的情况。其实花旗的企业文化是不太要求加班的；这一点跟高盛不太一样，高盛的企业文化是今天能够做完的事情就绝不会留到明天。

吴曼：跟我们说说这几年来你在美国学习和工作的总体感受吧？

陈兴雨：我觉得感触最大的就是一来就要很拼命地找工作，在哥

大一边要学习,一边还要抽出一部分精力来找工作。找工作过程中也遇到很多困难,不过很幸运的是现在的工作我还蛮喜欢。据我所知,我们下一届的哥大金融工程和金融数学硕士项目学生找工作情况好像很不错,有去了香港的,有留在纽约的。如果从留学申请方面来看,像哥大以及其他大牛的学校还是都很看重 GPA 的,当然专业背景那就不用多说了。

吴曼:你的工作签证现在拿到了吗?

陈兴雨:我今年抽签抽到了,可以拿到 H-1B 签证,今年十月份就生效了。我觉得今年整个抽签情况算很好了,因为申请人数可能相对会低一些吧。对于研究生及以上学历的学生来说其实是有两次抽签机会的。开始是把硕士和博士生放在一起抽,没有抽中的人再和本科生一起再抽。我所知道的很多朋友今年都抽到了。

哥伦比亚大学简介

"借汝之光,得见光明",这是镌刻在哥伦比亚大学(Columbia University)校徽上的一句训言。从 1754 年建校起,哥伦比亚大学就高举起探寻光明的旗帜,在承载知识、求索真理的道路上不断迈进,引领无数杰出青年走向光荣。

哥伦比亚大学最初名为国王学院(King's College),与罗格斯大学(Rutgers University)的前身皇后学院(Queen's College)遥相呼应。1784 年,国王学院被赋予了一个新的名字——"哥伦比亚大学",名字来源于发现美洲大陆的航海家哥伦布,命名的更替,代表了哥伦比亚大学对国家独立的热情追求与对美国新生共和政体的热切支持。

在《美国新闻与世界报道》的2017年大学综合排名中,哥伦比亚大学位列第五位,是美国大学协会创始学府与美国常春藤盟校成员。根据学校官方统计报告,哥伦比亚大学现有学生三万多人。哥伦比亚大学下属二十多个院所。其中包括两个本科学院接收本科生,本科学院(Columbia College)和文理学院(School of General Studies)。另外工学院也授予学士学位,还有巴纳德女子学院(Barnard College)。研究生学院,分别是建筑规划保护学院、艺术学院、研究生文理学院、专业研究学院、商学院、工学院、国际公共事务学院、法学院、新闻学院、教育师范学院、社会工作学院、医生和外科医生学院、牙医学院、护理学院和公共卫生学院等。其中商学院、法学院、新闻学院、教育师范学院等院系均位居世界学术顶尖。

新闻学院是全美最古老也是最顶尖的新闻学院之一,它由约瑟夫·普利策(Joseph Pulitzer)先生于1912年创建。

被称为"新闻界诺贝尔"的普利策新闻奖,就是由新闻学院管理

新闻学院

至美看美国

新闻学院学生正在通过小组讨论的方式上课

颁发。普利策奖分为新闻界和创作界两大类,《华盛顿邮报》《纽约时报》《华尔街日报》等知名媒体都曾获得此荣誉,美国著名摇滚艺术家鲍勃·迪伦也曾获得普利策特别提名奖。

法学院成立于 1858 年,是全美最顶尖的法学院之一。它培养出了两任美国总统,第 26 任总统西奥多·罗斯福(Teddy Roosevelt)

法学院大楼

他们在美国

和第 32 任总统富兰克林·德拉诺·罗斯福（Franklin Delano Roosevelt），九位美国大法官以及众多美国政府高级官员。

在法学院大楼前，一座气势宏伟的雕塑俯瞰着校园。这座雕塑来源于古希腊传说中"伯勒罗丰驯飞马"的故事，映射了古代人民通过观察自然制定规则的过程，这也是法律的由来。

坐拥华尔街顶尖资源的哥伦比亚大学商学院，是全美一流的商学院之一。"欧元之父"罗伯特·蒙代尔（Robert A. Mundell）在此任教，"华尔街教父"本杰明·格雷厄姆（Benjamin Graham）、"投资之神"

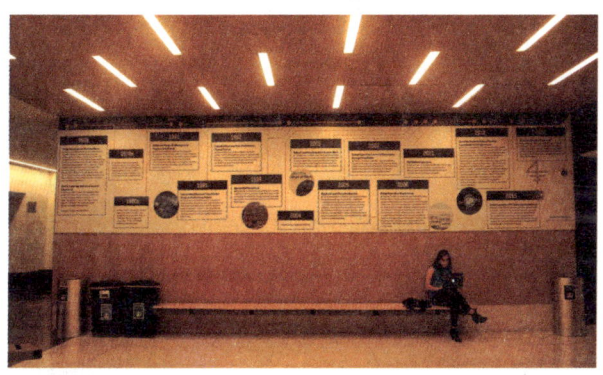

商学院中的历史展示墙

商学院图书馆

沃伦·巴菲特（Warren Buffett）等商界奇才从商学院走向自己的舞台。

至美团队在罗纪念图书馆前的合影

哥伦比亚大学标志性建筑是从一进大门不远就看得到的罗纪念图书馆（Low Memorial Library）。古罗马的拱顶结构，长柱与浮雕交相映衬，白色石灰岩打造的外墙，使罗纪念图书馆显得恢弘大气，颇具历史感。

在它的正对面，是哥伦比亚大学的主图书馆——巴特勒图书馆

修缮中的巴特勒图书馆

(Butler Library)。两个图书馆门口的广场开阔宽大,在寸土寸金的曼哈顿里,这样大面积的广场十分难得,而每年哥伦比亚大学的毕业典礼也在这里举办。

哥伦比亚大学的另一栋代表建筑是汉密尔顿大楼,它以美国开国元勋之一的亚历山大·汉密尔顿(Alexander Hamilton)的名字命名,也是哥伦比亚大学本科生招生办公室的所在。

汉密尔顿大楼前的汉密尔顿雕像

至美看美国

第二节　纽约大学>>

▶▶ 纽约大学,世界知名度绝对不亚于哈佛大学,这种名声的积累,不仅仅是来自于和纽约这个世界顶级大都市同名的优势,更来自于将近两百年的学术和研究的努力。

纽约大学是一个没有封闭校园的大学,学院和宿舍都散落在以华盛顿广场为中心的充满艺术氛围的格林尼治村,通过那面火炬为标志的紫色旗子来彰显身份。而这种融入给纽约大学的艺术发展带来了无尽的灵感。纽约大学的艺术学院培养了无数的艺术人才,尤其是在电影领域。我们去的那天,华盛顿广场上正在拍摄电影,我们这些围观人群被无情地"驱逐"了。

除了曼哈顿,纽约大学的校区也分布在布鲁克林、布朗克斯等区。进入新世纪,纽约大学更将自己的触角和影响力伸到了世界范围内。从合并纽约理工学院加强工程应用学科的分量,到开设在中东阿联酋的阿布扎比和中国上海的校区,来完成对世界纵向和横向的占领。同时,纽约大学还拥有11个海外学习中心

（阿克拉、柏林、布宜诺斯艾里斯、弗洛伦萨、伦敦、马德里、巴黎、布拉格、悉尼、特拉维夫以及华盛顿特区）。

纽约大学正在建设的这样一种全球学术网络将会最大程度拓宽学生的国际视野，并赢来世界范围内的校友资源。

暑假科研受益多
——访纽约大学陈臻同学

王亮：首先谈一谈你来美国、纽约、包括纽约大学之后最直接的感受吧。

陈臻：首先我觉得纽约是个好地方，吃喝玩乐什么都有，这是大城市和小乡村本质上的区别。另外这边的环境还是非常舒适的。大家都说留学生活费贵，其实也不太贵，住的地方一个月也就1000美元左右吧，吃饭一个月感觉也就1000多美元，这样生活费大概就2000多美元，挺便宜的。这边华人也挺多的，上街你随意可以看到，我住的地方是在罗德岛上面，随处走到地铁站就都可以听到

陈臻在斯特恩商学院亨利考夫曼管理中心门口接受王亮老师采访

中国话,就会感到特别的亲切。

王亮:你从中国科技大学来到纽约大学的计算机科学学院做暑期科研,跟我们分享一下你的心得吧。

陈臻:目前来看我的研究工作是非常自由的,感觉时间上没有很大的压力,早上你无论什么时候去都可以,下午只要过了五点就可以走。每天走的时候去跟教授汇报一下工作,当天就结束了。大家更在意的是你有没有想法,有没有做出东西。

王亮:在你们实验室,国际学生比例高不高?

陈臻:我们实验室大概二三十个人,就三四个中国人,大家基本上平时交流都得用英语,是一个非常好的英语锻炼机会。不过平时也说不了几句话,都是埋头苦干。

王亮:所以从整个科研的氛围上来讲,你觉得国内和国外的最大的差别,除了你刚刚提到的比较自由的状态之外,是不是国外更注重大家的自主性?

陈臻:是这样的。国外教授很多时候会让你自己想一个思路,让你自己去启发你的一些思维;而国内一般是老师提出一个新的思路,你来按照这个思路解。这个就是跟国内做科研的一个非常大的区别。再比如说我们讨论一个问题,国外的教授不会给你抛出方法,而是让你自己去寻找不同的方法去解决这个问题。

王亮:我们知道,纽约大学的数学专业,尤其是应用数学这个部分,在全球是比较知名的。你在国内是学数学专业,这方面有什么体会吗?

陈臻:纽约大学的数学是非常厉害的,应用数学尤其是偏微分方程（PDE）这一块，是全球顶尖的。我现在所在的是柯朗应用数学研究所（Courant Institute）下面的一个系。柯朗所下面有很多系，一个是应用数学系，还有一个是计算机系，就是我现在的系。我现在的大老板是非常著名的一个教授，小老板是个助教。

王亮：柯朗所确实是美国特别顶尖的一个数学研究中心，能在这里做研究，应该是特别开心和有收获的经历，应该会对你将来的科研有很大的启发和帮助。

陈臻：对。还有要说的就是，实验室的工作环境真的非常非常友好，这跟国内的实验室是有本质上的区别的。基本上你一个人一张办公桌一台电脑，而且那种装潢看起来就是高端大气上档次，实验室的设备应有尽有。

王亮：看得出来你的开心是打心底里的。那么对于你自己未来的规划，尤其科研方面，你自己是一个什么样的打算呢。

陈臻：读完博士之后我应该会去大学做一个研究员，然后一步一步做到教授吧。这样会比较轻松一些，也比较好，我个人感觉是这样的。

王亮：所以自己未来还是会继续潜心科研，然后在科研这一块付出更多的时间和精力吧。最后一个问题，你来这边主要是进行科研，当然学校里面，教学这一块儿可能已经放假了，从你感觉上来讲，大致上本科生和硕士研究生暑假留校的一个比例，或者他们课余的生活是什么样的一个状态呢？

陈臻：纽大的硕士和博士，暑假是没有奖学金的，很多硕博生，都会去找工作实习，这是非常非常好的。要知道在美国找工作实习的话一个月的月薪都基本上七八千美元或者上万美元，在实验室

呆着最多 3000 美元。本科生的话现在没有开学,但可以看到很多本科生在这做很多课外活动,当然他们可能也有暑期课程吧。从各种环境来看,大家都没有像国内那样以成绩为主,大家都是以兴趣为主。我参观他们的那些图书馆,就感觉氛围非常好。

王亮:最后我们也祝愿陈臻同学在未来的学习和科研各方面能够非常的顺利。

纽约大学简介

纽约大学(New York University,简称 NYU),是一所位于纽约的世界著名私立研究型大学,成立于 1831 年。纽约大学由 18 个学院和研究所组成,除纽约外,在上海和阿布扎比都有校区。据 2014 年的官方数据统计,纽约大学的入学生总人次高达 5.7 万名,包含三个大校区以及远程上课的学生;纽约主校区课为 1.1 万名学生提供住宿。纽约大学较为偏重人文及社会科学,研究生院享有极高声誉。下属的帝势艺术学院(Tisch School of the Arts)是全美最佳艺术学院之一,商学院和法学院也占有重要地位。

帝势艺术学院于 1965 年成立,设有电影、电视、舞蹈、设计、音乐等科系。该学院在全美各大高校和电影机构中,培养了最多的奥斯卡奖得主。我们熟悉的曾获过奥斯卡最佳导演奖的华人导演李安、好莱坞导演之父马丁·斯科西斯、《哈利·波特》导演克里斯·哥伦布、奥斯卡最佳原创剧本奖和最佳导演奖的获得者全能型导演伍迪·艾伦、吉姆·贾木许等著名导演都曾在这所学校一步步积累自己的电影资本。由它创立的电影学派,在光与影的艺术创造中,将好莱坞商业电影和欧洲艺术电影完美融合;由它培

Chapter 2 他们在美国

育的学生,在导演、摄影和表演之间穿梭自如,在录音、灯光和剪辑领域完美表达,造就了一大批享誉世界的电影大师。帝势艺术学院的办学理念是:这里对所有那些对电影执着、充满热情和动力的年轻人敞开艺术大门。

纽约大学斯特恩商学院(Stern School of Business)是纽约大学最著名的一所学院,在经济、商业和管理等领域有着非常突出的学术成就。由于毗邻金融中心华尔街,商学院同数百家世界级的金融研究机构及金融企业有广泛的联系,使得纽约大学商学院不仅在学术理论领域,而且在金融实践方面都拥有杰出的优势。凭借地域和学术优势,纽约大学商学院已成为了一个真正意义上的,世界一流的,全球性商业和经济管理研究和学术机构。

纽约大学法学院的税法和国际法都是全美顶尖的。此外,涉及金融法、商法领域的学科也非常强势。NYU 法学院的师资力量是其守住T6(T6是美国超级法学院的标志)宝座的重要原因,不少中国学生慕名已久的中国法研究专家孔杰荣(Cohen)便是纽约大学法学院教授之一,

华盛顿广场上电影拍摄现场

商学院下设的亨利霍夫曼管理中心门口

孔杰荣为中美法律方面的友好合作与交流做出了重要贡献,也与诸多中国一线律所创始人和招牌律师有着亲密的关系。

值得一提的还有纽约大学职业研究学院(School of Professional Study)以及库郎数学科学研究所(Courant Institute of Mathematical Sciences)。纽约大学职业研究学院的沙克房地产项目,是美国房地产业界著名的高水平研究机构,和世界金融及地产界联系紧密;柯朗数学科学研究所提供数学、计算机科学等专业,其中应用数学专业为全美排行第一。

纽约大学的中心是华盛顿广场,这座广场公园是纽约市最负盛名的公园之一,曼哈顿格林威治村的主要地标,也是热门的约会场地和文艺活动场地。

耶德逊纪念教堂位于华盛顿广场公园南侧,属于美北浸礼会和联合基督教会。教堂后面是纽约大学法学院的 11 层

华盛顿广场上的街舞表演

学生在耶德逊纪念教堂前表演

新大楼福尔曼(Furman)大楼。该教堂由杰出的布道家爱德华·耶德逊(Edward Judson)创建于1890年,得到洛克菲勒等知名浸礼会教徒的支持。作为纪念他的父亲艾多奈拉姆·耶德逊(Adoniram Judson),最早前往缅甸的新教传教士之一,爱德华·耶德逊为教堂选址在华盛顿广场公园南侧,以便接触邻近的社区。

1999年,面对经济困难,董事会将教堂后面的耶德逊堂区大楼出售给纽约大学法学院,新建了福尔曼大楼。新大楼高11层,现在远远超过教堂的高度,在兴建时引发社区相当多的争议。

1888年,为庆祝乔治·华盛顿就职美国总统的百年纪念,政府在公园北侧的第五大道上搭了一个灰泥和木制的纪念拱门。因受到大众的喜爱,1892年在公园内建了一座永久性的大理石拱门,由纽约建筑师斯坦福·怀特(Stanford White)参考巴黎的凯旋门设计完成,拱门高77英尺(23米)。1918年,于北侧加上两尊乔治·华盛顿的雕像。

华盛顿广场公园周边的建筑大多属于纽约大学的财产,一些是纽

华盛顿拱门(大理石)面对纽约的第五大道
两边是华盛顿的雕塑

约大学自行建设的,另一些是后来才变成教学用和住宅用的建筑。纽约大学会租用华盛顿广场公园作为毕业典礼的场地,以拱门为主要象征,校方也希望此公园能成为校园的重心。早在1922年,纽约大学校长就预言,他们会接管整座公园独自使用,但是目前并未成真。当地居民认为公园是其周边社区最重要的一个场所,所以已发起多次大规模的活动来保存它。

他们在美国
Chapter 2

第三节　福德汉姆大学>>

> ▶ 福德汉姆大学有没有因为新上任的总统特朗普曾经在此就读而更有名？
>
> 特朗普离开纽约军事学校后，曾在福德汉姆大学读了两年，后进入宾夕法尼亚大学的沃顿商学院。看似一个很完美的搭配，军事学院的严谨训练，加上福德汉姆的过渡，最后进入和华尔街联系紧密的全球顶尖商学院华丽蜕变。从中也可以看到福德汉姆大学的一些特点：对于学商科的学生来说，在纽约也是一个不错的选择。
>
> 这个位于纽约，总被哥伦比亚大学和纽约大学的光环掩盖，却能够蓬勃发展的福德汉姆大学到底能给学生们带来什么？

至美看美国

在华尔街打拼的情侣档
——访福德汉姆大学的罗丹同学和王佳瑜同学

吴曼：首先请给同学们介绍一下自己吧。

罗丹：大家好，我叫罗丹，毕业于福德汉姆大学商业分析专业，毕业之后现在在一家市场营销公司做数据分析师。

王佳瑜：大家好，我叫王佳瑜，我毕业于福德汉姆大学会计专业，现在在纽约一家中型会计事务所从事审计工作，已经工作一年半了。

吴曼：现在中国留学生都感觉在美国找工作很难，你们能跟大家分享一下当时找工作的心得吗？

罗丹：就业是很多留学生毕业之后首先要解决的一个问题。我们很希望在美国积累一下工作经验，所以我们当时的想法就是一定要找到工作。我觉得对于留学生而言，找工作最重要的一点就是英语要好。很多留学生都觉得是因为国际学生身份的种种限制，才让大家没有找到理想工作。其实我个人认为，口语才是关键。为了找到工作，你必须在学习期间就有意识地去培养这种口语表达能力：怎么样可以把自己做过的项目和一些经历讲得清楚，怎么样让公司的面试官明白你的优势，怎么样去展现你自己，让自己显得与众不同。

王佳瑜：其实会计专业这几年的就业形势不是很好。留学生的主要目标就是"四大"，但是他们缩招的很厉害。我们在学校里最大的感受就是我们需要做很多人际工作去得到面试的机会。我们学校里面国际学生非常多，其实资源很有限，所以说不是所有

人都可以很顺利地拿到面试机会，就算拿到了也可能过不了。所以我们两个就会比较关注有没有别的方面的资源，我们在这边参加了三个比较大的组织，类似于精英会，里面会有各个公司的职员。他们每年都会有一个非常大的聚会，在那个聚会上你可以接触各个不同公司的高级职员，通过和他们的交往，你也会得到和学校不一样的资源。另外，我们平时也经常用领英（Linkin），对于自己喜欢的职位也会去找相对应的人去交际，会约他们去喝咖啡聊天，但是这个过程不能太刻意，不能显得自己目的性非常明显，要自然些，抱着求帮助的态度，我是寻求建议，而不是说我只是为了利用你。纽约这边虽然本身机会就多一些，但更多的还是需要自己去积累、去发现。

吴曼：在纽约学习工作了几年的时间，说说你们对这个城市的看法吧？

王佳瑜：这个城市是一个很自由很多元化的地方，什么样的人都有（不同的肤色，不同的国家，不同的性格），你可以勇敢地做自己，也不用刻意去向白人圈子靠拢。其实大家都非常享受，沉浸在这种跟人之间最自然的交往状态，这种感觉还是蛮不错的。

吴曼：你们有了解过你们在福德汉姆大学的那些学弟学妹们的就业情况吗？

王佳瑜：我说说会计专业的情况吧，我感觉最近几年就业形势越来越严峻了。以我们研究生项目为例，我们项目的就业率从原来的70%多到现在下降到40%多。我们去年还有一些学生拿到"四大"的面试，而且还录进去了一些，但是下一届他们有的就直接

不给面试了,或者面试只是一个形式而已。所以对于接下来几届想在这边学会计的学生来说,我建议还是要多靠自己,因为学校里面的资源很有限,而且目标不能只盯在"四大"上面,因为竞争太激烈了!如果大家真的想找到工作,想留下来,还是应该认清现实,扩大自己的求职范围。

罗丹:我讲一下商业分析(Business Analysis)这个专业吧。这个专业近几年来都是大热,所以可以考虑继续投报。这个专业出来主要有两条路,第一条是像我一样做数据分析,各行各业都会用到,比如说市场营销、金融等。这条路重点是要你提高自己的表达和分析能力,怎样去做陈述,怎么样去把一个原始数据做成让大家都明白的报告,然后让决策者去做更好的决策。而且做数据分析以后也可以往咨询方面发展。

另外一条路就是往数据科学(Data Science)方向发展。这条路大家都知道现在是非常热门,但这个专业要求大家有很强的技术功底,包括编程能力、逻辑能力还有数学能力等,所以大家可以根据自己的需求来选。如果以后想做数据,那么在校期间就尽可能多提升一下自己相关的技能。

吴曼:给大家形容一下你们每天的生活是什么样的吧?

罗丹:如果大家喜欢美食、喜欢逛街的话,请来纽约吧。美国没有任何一个地方比得上纽约。我觉得每天都蛮开心的,比如下一周,纽约有"餐厅周"了,就相当于你可以几十块钱吃遍米其林餐厅;而且每天都会有各种游行、表演什么的,所以你永远不会无聊。工作的话,我蛮喜欢纽约是因为它非常多元化,公司的同事什么样的人都有,你可以接触各种各样的人,大家下了班一起去

喝喝酒,周末一起去吃一下早午餐,我觉得很好。如果你潜心学术,可以考虑去那些比较偏远的学校,但是如果你比较享受生活,那就请来纽约。

王佳瑜:我印象最深刻的就是每天经过曼哈顿的时候,会有很多穿着盛装的人,我觉得他们对待自己生活的态度就跟他们在工作中一样。首先从着装开始,就会让你感觉到这里的人精气神特别好,他们都非常自信,我觉得这对于中国人来说,对于我自己来说,还是一个蛮大的冲击,因为之前我在别的地方没有这样的感受,但在纽约特别明显,我会觉得这边的人都非常职业。然后工作中,审计工作其实跟国内的比较像,但是这边的审计环境要比国内健康一些,毕竟这边你接触的客户以及你的同事之间都会比较职业一点,就是你们只是在工作中保持职业的关系,但个人生活是私人的。就像刚刚罗丹说的,这边的娱乐活动挺多的,各种活动、各种游行、各种美食啊,如果是一个喜欢自由,喜欢解放自我类型的人,还是蛮适合来这边学习和生活的。

吴曼:你们接下来对于自己的工作生活有没有什么打算?

罗丹:回国,要报效祖国,呵呵。我觉得在这边积累一些经验主要是体验一下不一样的人生,但事实上今后的发展我一定会考虑回国,因为你会发现国内和这边的差距越来越小了,所以我个人建议是大家来这边积累一些学习和工作经验,然后挑选适合自己的路吧,对我而言的话,就是回国。

王佳瑜:那我也回国啦。其实会觉得在这边呆久了,就不会对这个地方很羡慕了。这里对男性而言,其实天花板还是挺明显

至美看美国

的,特别是对于我们这种英语非母语的类型。在职业生涯的中期到后期,你会慢慢发现,文化上的差距会对职业发展有很大的影响。所以从长远的角度来看,我还是会回国的。

王佳瑜同学和罗丹同学在曼哈顿时代广场餐厅里接受吴曼老师采访

福德汉姆大学简介

福德汉姆大学(Fordham University),是一所位于美国纽约市的世界知名私立研究型大学,前身是成立于1841年的纽约天主教会区的圣约翰学院(St. John's College),1907年学校更名为现在的名字。福德汉姆大学下设十大学院,其中四个为本科学院:福德汉姆大学玫瑰山校区、福德汉姆大学林肯中心校区、加贝利商学院、专业教育与继续教育学院。六个是研究生学院:福德汉姆大学文理学院、福德汉姆大学法学院、加贝利

王茜老师来到福德汉姆大学

他们在美国
Chapter 2

商学院(同时提供本科和研究生课程)、福德汉姆大学教育学院、福德汉姆大学社会服务学院、福德汉姆大学宗教与宗教教育学院。它同麻省理工学院、乔治城大学、西点军校等美国著名高校共同属于爱国者联盟[1]。

法学院创建于1905年,在纽约市仅次于哥伦比亚大学和纽约大学的法学院。在2007年度《美国新闻和世界报道》中排第二十五名;按照入学的LSAT成绩排第十五名。为福德汉姆大学法

法学院分布图

学院输送学生人数最多的五个本科学校分别是纽约大学、哥伦比亚大学、康奈尔大学、福德汉姆大学本科部和宾夕法尼亚大学。福德汉姆大学法学院在美国流行文化中也留下了印迹:2007年的法律惊悚片《敌对同谋》中,乔治·克鲁尼(George Clooney)所扮演的律师迈克尔·克莱顿(Michael Clayton)就毕业于福德汉姆法学院。福德汉姆大学法学院于2008年3月和中国政法大学签订了交换学生协定。

商学院于1920年在曼哈顿金融区成立,并于1947年搬至玫瑰山校区,现于林肯中心和玫瑰山均设有分部。工商管理学院教授四年制课程,着重培养学生的分析能力和对商业中人文价值的理解。该学院的国际专业不仅提供国际实习机会而且还有可选的

至美看美国

国外留学课时。福德汉姆大学商学院于 1998 年和北京大学中国经济研究中心（CCER）合作创办的北大国际 MBA 是中国最优秀的商学院项目之一。

商学院学生中心

商学院

福德汉姆大学博雅学院(专业教育与继续教育学院),就像它的名字所揭示的,该学院为非传统学生而设立,提供全日制和半日制的学习计划与灵活的时间表,并可以在三个校区之间进行选择。就读于该学院的学生仍需修满核心课程,该学院的教员也基本上与其他学院合用。若获邀请,在学业上卓有成就的学生可以申请参加荣誉项目,该项目与核心课程不同在于其高度依赖于教员监督的课题研究和独立研究。参与该项目的学生可以在成绩单和毕业证书上特加标注。

福德汉姆大学的医学院于1919年关闭,药学院于1972年关闭后,学校内便不再提供与医学直接相关的课程。但福德汉姆大学仍与叶史瓦大学(Yeshiva University)[2]的阿尔伯特·爱因斯坦医学院保持合作关系。该项目允许福德汉姆大学本科生及选修理科的研究生参加医学课程、参与自行研究及爱因斯坦医学院的研究项目。除此之外,该项目还包含一个物理学家导师项目,允许学生选择一个爱因斯坦医学院的蒙蒂菲奥里医疗中心的物理学家参加研究。

2009年,福德汉姆大学开始与纽约医学院(New York Medical College)[3]就两校合并的事宜进行谈判,最终合并没有成功,但两校间建立了紧密的学术关系,其中包括签署合作课程项目的条约。

福德汉姆大学图书馆系统现有藏书约200万册,并订有超过65500本期刊和电子刊物;福德汉姆大学图书馆系统亦为联邦政府文件贮存点之一。福德汉姆大学图书馆借阅办公室在学校藏书系统之外,还通过与纽约公共图书馆系统及哥伦比亚大学、纽约大学、纽约市立大学(The City University of New York)的图书馆及世界其他图书馆合作,为在校师生提供超过2000万册图书的借阅渠道。图书馆的珍贵馆藏为涉及美国历史、法国大革命及犯罪学等

领域的罕见书籍及抄本；此外，图书馆系统另可提供超过60000本电子书。

图书馆一楼大厅的展示

注：

[1] 爱国者联盟是一个美国东北部大学的体育赛事联盟。联盟成员均拥有很高的学术声誉和影响力，在美国大学体育总会第一级别（NCAA Division 1）中入学难度和学术声誉仅次于常春藤联盟。其成员包括十个核心高校和三个附属高校。

[2] 叶史瓦大学是美国古老的综合性大学之一，1886年建于纽约。由于是由犹太教信徒赞助，也叫犹太大学。

[3] 纽约医学院成立于1860年，是全美最大的私立医学院之一，处于纽约曼哈顿北面威斯切斯特郡，绝佳的地理位置为在校师生提供往来于各类医疗机构和组织的良多机会。

Chapter 2 他们在美国

第四节 宾夕法尼亚大学>>

▶▶ 这所由富兰克林创建的大学，从一开始就是为民众服务的学校。而之前成立的哈佛大学、威廉玛丽学院和耶鲁大学这三所学校都是为了精英贵族和教会人士服务的学校。富兰克林希望为民众提供受教育的机会，让他们学习技术，能够有自己生存和发展的空间。不同于其他常春藤学校都是要学生就读文理学院进行通识教育，现在申请宾大的本科，需要从文理学院、商学院、工学院和护理学院四个学院中选择一个就读，可以看到宾大是注重实用性的学校。

沃顿这两个字，如果在毕业生的身份上面出现，就意味着有了一个被业界认可的基石。沃顿商学院从2000年后有四位教授获得诺贝尔经济学奖，意味着平均四年左右就有一个，这样的比例在全球的商学院里面是极高的。而沃顿的地理位置处于华尔街和华盛顿特区的中间，从费城开车到纽约两个小时的车程，到华盛顿特区也差不多两个小时，这样的地理位置也方便了学生的就业。现任的特朗普总统就是纽约的商业大亨，也曾经在沃顿就读。

文理学院到常春藤大学的飞跃
——访宾夕法尼亚大学董昊雯同学

吴曼:今天很开心能够在宾大的沃顿商学院和你相聚。先给大家自我介绍一下吧。

董昊雯:我高中就来到塔夫茨大学做交换生了,我本科读的是布林莫尔学院,毕业后会在宾大读研究生。我因为比较喜欢数学和计算机,所以选的专业是系统工程(System Engineering),这个项目本来是一年半,但是因为我们布林莫尔学院和宾大是合作学校,所以我们可以提前读。我录取宾大之后,已经上了好几门课了,所以我接下来只用再

董昊雯在沃顿商学院接受吴曼老师采访

读一整年学分就够了,可以毕业了。这个项目是工程学院和商学院合作的一个专业,所以在宾大工程学院和商学院我们都可以上很多课。

吴曼:你现在在布林莫尔学院和宾大这边其实都有课的,那么现

在大概每天是一个什么样的状态呢？

董昊雯：还是要以本科为主，因为毕竟还没有本科毕业。我应该是会提前半年毕业，所以我要把本科的学分修完，大部分的重心还是在本科那边。宾大这边的话可能一学期就一到两门课，基本上一个星期的话要过来两到三次吧。但是因为有很多项目要做，所以我就来得比较频繁，就是要看课的要求和课的任务量那些，包括老师其他的要求，来决定每个星期要花费的时间。

吴曼：你自己现在在宾大这边上课的话，整体给你的感觉是什么样子的？

董昊雯：整体的感觉就是大家都比较优秀。因为是大U，所以相比文理学院，每堂课人都比较多。你可能跟教授的接触没有那么多，但你还是可以找TA或者说寻求各方面的帮助。社团活动也比较多，老师给我的指导也比较多，包括实习、就业什么的。因为学校比较大，所以信息量也比较大，整体感觉挺好。

吴曼：你现在所读的这个项目，是属于工程学院和沃顿商学院合办的一个项目，是不是等于说也可以享受两个学院所带来的就业资源？

董昊雯：我觉得应该就是两边都可以享受。工程学院是一定可以的，我们本来就是隶属工程学院下面的系统工程。同时我们可以跟MBA的学生一起上课，包括有很多招聘实习都是对我们开放的。在沃顿商学院上过课，如果跟老师关系比较好，得到老师的推荐，你可能就更有机会，尤其是你想找偏向于金融方面的工作的话。

吴曼：沃顿商学院毕业的学生很多都是去到华尔街工作，你自己对于未来的职业方向有什么想法？

董昊雯：目前的话，还没有特别明确的想法。像系统工程这个专业就比较像万金油，所以各方面我都可以试一试，找一找自己比较喜欢的，反正我还小，还要提前毕业，也不着急，所以我有更多的时间去放飞自我。当然，华尔街也是我很想去工作的地方，太有吸引力了。

吴曼：你们现在本科的学校申请到宾大的学生多吗？

董昊雯：因为布林莫尔学院离宾大大概开车20分钟，两个学校很多资源都是共享的。我考上研究生之前也在沃顿上课，资源是可以享受的。相对来说可能会比别的学校申请宾大要更加容易一点点，但是主要还是你自身要够硬，你才能够被录取。

吴曼：从申请上讲，你当时在准备研究生申请的时候，做过哪些准备，包括分数以及背景这些？

董昊雯：GPA的成绩单和推荐信是很重要的。因为我是数学系的，但我们学校有很多文科的课，我的文科把我的GPA拖下来了，但我的数学又把我的GPA给顶上去了，所以GPA整体就还可以。推荐人方面，我找了两个比较优秀的，跟我关系比较好的老师，有一个是系主任，还有一个是普林斯顿大学毕业的老师，我在他们课上表现可能也比较好，老师都说的是好话，我就非常迅速地被录取了。

吴曼：从背景上面来说，有没有什么建议给现在来美国上学的中国学生？

董昊雯：我觉得最重要的就是要真实，就是你真实的自己。你很了解你自己想要什么，包括对你专业的选择，对你学校的申请的选择，包括对你自己的认识。因为我觉得其实有很多在国内读书的人可能根本不知道自己想要什么,然后就慌着说"我要出国",因为大家都出国。

你要想清楚自己最想要什么,怎样面对自己。因为我觉得在国外读书,像读高中,读本科,老师会很强调你对自己的认识,这一点是非常重要的,包括你不要觉得自己差或者特别好,要对自己有个清醒的认识,好就是好,不好就是不好,不好也没有什么,你可能会有别的地方更突出。所谓的申请就是扬长避短,但是你一定要知道自己更擅长什么,怎样做到更好,真实地呈现出来。适合你的你终究可以得到,不适合你的你再怎么努力也不会成功。

吴曼:感谢董昊雯的分享,也希望未来有更多的至美学子可以来到宾大。

董昊雯:这一路走来,从本科的申请到研究生的申请,要感谢你们的帮助,让我在这个过程中学到了很多东西。感谢你们陪我一起成长。

宾夕法尼亚大学简介

宾夕法尼亚大学(University of Pennsylvania),位于宾夕法尼亚州的费城,是一所全球顶尖的私立研究型大学,著名的八所常春藤盟校之一。

宾夕法尼亚大学由福音传教士乔治·怀特菲尔德(George Whitefield)于1740年创建,但因资金不足不得不中断。1749年,美国著名的政治家、物理学家本杰明·富兰克林(Benjamin Franklin)开始筹备继续建设这所学校。它的创建,标志着美国第一所从事

至美看美国

科学技术和人文教育的现代高等学校的诞生。富兰克林认为新的知识来自对现有资源最广泛的认识和最创新的运用,他注重实际应用、培养创新思维的教育思想,深深地扎根进宾夕法尼亚大学的土地中,两百多年来未曾改变,培养出了一代又一代顶尖学子,这其中包括美国第45任总统唐纳德·特朗普(Donald Trump)、美国

至美团队在富兰克林塑像处合影

诗坛泰斗埃兹拉·庞德(Ezra Pound)、中国建筑学家梁思成等人。

秉承富兰克林的教育理念,宾夕法尼亚大学是现今多数顶尖学生的首选学府之一。它下设12个学院,包括沃顿商学院、工程与应用科学学院、佩雷尔曼医学院、教育研究生院、法学院等。其金融专业、护理专业、教育学、经济学、医疗、法学等众多专业均处于世界领先地位,沃顿商学院更是世界商科学子的梦想之地。据官方数据统计,目前宾大约有10500名全日制本科生,10900名研究生,其中国际学生约有4900名;教职人员总数高达4700名。

沃顿商学院(The Wharton School),美国第一所商学院,由费城企业家约瑟夫·沃顿(Joseph Wharton)于1881年捐建。与沃顿商

他们在美国
Chapter 2

沃顿商学院的老楼

学院一并提起的总是各种光芒与荣耀,全球最佳商学院的称号,世界最先进最顶尖的专业教育,众多知名精英校友……沃顿有无数个理由令全球商科学子心驰神往。沃顿商学院在商业实践的各个领域有着深远的影响,包括全球策略、金融、风险和保险、不动产和公共政策等。学院不仅培养未来的商界精英,同时致力于为

至美团队在校友亨茨曼大楼(沃顿商学院)前

69

商界提供深入研究。从沃顿商学院走出的毕业生,大部分都能成功进入华尔街和世界顶级管理咨询公司,或在多国政府部门或工商企业中担任要职。

亨茨曼大楼(沃顿商学院)里面有很多小教室供学生自习或小组讨论

亨茨曼大楼(沃顿商学院)的大厅

宾夕法尼亚大学工程与应用科学学院(School of Engineering and Applied Science)在富兰克林勇于探索、造福人类的精神下应运而生,并成长为全美最好的工程学院之一。目前全院共六个系,分别是生物工程系、化学与生物化学工程系、计算机与信息科学系、电子工程与系统工程系、材料科学工程系和机械工程与应用力学系。其中化学与生物化学工程系是美国最早开设化学工程学士学位课程的系科之一。几百年来,工程学院以其卓越的研究生教

育和科研工作赢得了国际声誉。

工程学院的学生们随地讨论问题

佩雷尔曼医学院(Perelman School of Medicine)是北美洲第一所医学院,两百多年来始终处于美国医学教育及研究的最前沿,在全国顶尖的医科学院中名列前茅。从这里走出的医学研究人员,是第一批X射线中部分射线的制造者;是肺炎疫苗的发现者;是骨折电疗技术的发明者……该院学生还可在属于宾夕法尼亚大学卫生系统的医院接受培训,享受全美顶尖医疗机构网络的资源。

佩雷尔曼医学院的约翰·莫根楼(图片来源于学校官网)

至美看美国

除了这些重点院系外,宾夕法尼亚大学的图书馆也别具特色。

宾夕法尼亚大学图书馆始建于1750年,最初的藏书来自制图师路易·艾文斯(Lewis Evans)的捐赠。20年后,当时的教务长威廉·史密斯(William Smith)为了给图书馆筹集资金扩充藏书量,跨越重洋远渡英国。如今,宾夕法尼亚大学已拥有大小图书馆15个,馆藏图书超过610万册,同时订阅4万种以上的期刊,拥有400多名管理员,以及4.8亿美元的预算。

从1740年至今,宾夕法尼亚大学不断发展开拓,在研究、学术、教育等多项领域开创先河,

最古老的"学院绿楼"是标志性建筑,同时也是校长办公室

不断推动人类文明的发展。这里诞生了世界上第一个全电子大规模通用数字计算机"ENIAC",发现了癌症与基因的联系,创造了认知心理疗法……硕果累累,荣誉满载,这正是宾夕法尼亚大学对富兰克林美好信念的完美诠释,今后,它还将继续走向辉煌。

第五节　耶鲁大学>>

> 纽黑文位于纽约和波士顿之间,是一个安静的小城市,虽然大家总是评价纽黑文的治安不太好。耶鲁大学似乎覆盖了纽黑文,不仅是地理上面的覆盖,更是心理上面的覆盖。耶鲁大学的建筑很多都是有百年历史的哥特式风格,所以走在耶鲁的街道上,仿佛回到了中世纪的欧洲。
>
> 耶鲁是一个培养领导人的摇篮,美国历史上第二对父子总统老布什和小布什,还有1992年结束老布什连任梦想的克林顿,都是耶鲁毕业的。而和克林顿共度人生的希拉里,同样毕业于耶鲁,是奥巴马总统时期的国务卿。耶鲁人如此长时间地占据美国的权力中心,对耶鲁人来说,不仅仅是一种荣誉,更多的也是校友资源带来的便利。
>
> 耶鲁是容闳的母校。这位中国第一位赴美留学的学生,全面接受了耶鲁的思想。1854年他从耶鲁毕业回到中国,母亲问他的学位值多少钱,能换到什么功名。他告诉母亲,美国的学校不提供任何的职位,而是希

望这些经过精心培养的年轻人去通过自己的努力,赢得社会的认同,并且通过自己的领导力去获得自己的位置。这就是耶鲁培养出来的年轻人。

除了领导人,耶鲁在艺术方面也是绚烂夺目的,拥有很多全美顶尖艺术方面的学院:艺术学院、戏剧学院、音乐学院、建筑学院等。著名演员梅丽尔·斯特里普(Meryl Streep)1976年从耶鲁戏剧学院毕业,成为了美国获得奥斯卡奖项最多的影后。我们可能很难见到这些名人,但是通过普通的学生也让我们感受到了耶鲁的艺术气质。我们进入耶鲁校园的时候,用摄像机拍摄耶鲁的建筑,有个学生骑着自行车经过我们面前,他突然停下来,对着我们的镜头唱起了歌。也许,他会成为未来流行音乐的巨星……

在耶鲁成为最好的自己
——访耶鲁大学访问学者陈琳(化名)

陈琳:来到耶鲁的法学院做访问学者,对我来说很重要。这里有做不完的事情,我觉得突然一下思维被打开了,我利用所有的时间去吸收我能吸收的知识,而这里却像永远挖掘不完的宝藏,让我目不暇接,觉得时间永远不够用。

这里的教授和学生都很有自己的想法,我想这就是耶鲁带给我们的改变,让我们从被动的接受状态,慢慢成为主动的思考状态。

作为访问学者,我可能没有办法像这里的学生那样更好地融入耶鲁的氛围,但是我还是很满足,能有这样的机会,也算一种旁观

的心态,来学习,来看待耶鲁的文化和价值。

耶鲁的建筑全部是哥特式的风格,虽然历史并没有看上去人们以为的那么久远,但是走在耶鲁的街道,还是让我感觉很复古,有点像在电影的画面里面。有时候学习的环境对人的改变也是一件很重要的事情吧。因为在这样的建筑和环境里面,学习变成了一件很享受的事情。

耶鲁大学简介

耶鲁大学(Yale University)位于充满绿意的美国康涅狄格州纽黑文市,创立于1701年,是美国历史上建立的第三所大学。和哈佛大学的命名经历相似,耶鲁大学也是以当时对襁褓中的学院雪中送炭的伊利胡·耶鲁(Elihu Yale)的名字来命名。目前耶鲁大学在读本科生约有5500名,研究生约6900名,教职人员约4400名。

耶鲁大学非常重视本科教育,所有教授都开设了本科生的课程,学术氛围十分友好活跃,这一点是不关注学生基础知识的研究型大学无法体会的。历年来它的本科学院都与哈佛大学、普林斯顿大学角逐美国本科生院前三的位置,同时它也是常春藤盟校之一。耶鲁大学选课制度十分宽松,不特设课程也没有所谓的核心课程。只

哥特式建筑遍布耶鲁的校园

要求学生选课有广度和深度,即专业学习和技能都要掌握。

除本科学院外,在三百多年的发展历程中,耶鲁大学相继开设了13个提供更高程度专业课程的学院,分别是:文理学院、建筑学院、艺术学院、神学院、戏剧学院、音乐学院、工程学院、林业与环境学院、法学院、管理学院、医学院、公共卫生学院、护理学院。其中,以法学院最为出色,其他学院也均处在世界前列。1861年,耶鲁大学成为全美第一个颁发博士学位的学校。截至目前,有74个研究部门和项目招收博士生。

耶鲁大学校徽上的书本和缎带上的文字分别用希伯来文和拉丁文书写"真理和光明",岁月变迁,而真理永存。数百年来耶鲁大学孜孜不倦地坚持着这一校训,强调学生们的思想自由,培养学生们理性探索人生真谛的态度,关注人与社会、自然之间的和谐共处,实现关怀人文价值。正因如此,耶鲁大学以人文社科、法律、公共政策、艺术及基础学科最为有名。

迄今为止,耶鲁大学已经培养出5位美国总统,第41任总统老布什(George H.W. Bush)、第42任总统比尔·克林顿(Bill Clinton)和第43任总统小布什(George W. Bush),连续三任总统均毕业于此。耶鲁大学诺贝尔奖获得者也不在少数,美国政坛上也随处可见耶鲁人的身影。此外,耶鲁为美国演艺圈输送了大批光彩照人的明星和艺术家,曾有戏言称"耶鲁培养出的奥斯卡奖比诺贝尔奖还多"。值得一提的是,中国历史上第一位留学生容闳也是耶鲁的学子。他于1854年在耶鲁拿到学士学位,开启了中国留学的先河。

走进耶鲁大学,最引人注目的是连续多年在各种排行榜夺得"全美最佳法学院"称号的耶鲁大学法学院。成立于1824年,这里推动了美国历史上许多重要的法律变革运动，比如说法律与经济运动，外太空法和国际人权法运动；对美国法律建设的贡献不容小觑。耶鲁大学还培养了许多最优秀、最具有竞争力的领袖人才。比如耶鲁著名的毕业生前总统克林顿和希拉里，当年他们就是在这座古色古香充满人文氛围的法学院相识相爱的。

吴曼老师在法学院门前做采访

耶鲁文理学院也赫赫有名。这个学院建立于1847年，早期被称为哲学与艺术部（Department of Philosophy），提供化学、冶金、农学、希腊语拉丁文学、数学、哲学与阿拉伯语的课程。后来从文理学院中衍生出谢菲尔德科学学院（Sheffield Scientific School）与耶鲁工程学院，这造就了美国最早的科学学院的产生。

耶鲁林业学院，现名林业与环境研究学院（School of Forestry& Environmental Studies）是美国最古老的林学院。20世纪初，美国林业服务之父吉福德·平肖（Gifford Pinchot）与他的父母捐赠建立了这个学院。目前这所学院颁发硕士与博士学位，也成为全球环境问题研究最前沿的地方。此外，该学院还与耶鲁其他9个学院合作授予联合学位。

与耶鲁林业学院成立时间相近的一个学院是耶鲁音乐学院，她成立于1894年，逾今也有一个多世纪的历史。在音乐学院的引领下，耶鲁成为世界上音乐氛围最浓厚的校园之一，每年有400多

至美看美国

场音乐会在这里举行，演奏者不仅有专门的音乐家，也有学校的学生和教职人员。除了音乐学院，耶鲁大学还有艺术学院、建筑学院、戏剧学院，它们共同构成了耶鲁大学的艺术体系，为美国培养艺术家和艺术从业者提供了一个殿堂级的中心。

重视人文，图书馆藏不言而喻。耶鲁大学拥有世界上规模第二的大学图书馆体系，收藏除了书籍，还包括有善本书、手稿、档案、地图、照片、音像制品、乐谱、艺术作品和其他独特的研究资料。走进耶鲁大学图书馆就如同走进了人类文化发展的长河，丰富的

音乐学院

他们在美国

馆藏让人目不暇接。其中最大的是斯德林纪念图书馆。

游览完斯德林纪念图书馆,就是耶鲁大学的中心广场。中心广场的一侧就是耶鲁的珍品手稿图书馆。该馆是耶鲁文学档案、早年手稿以及珍本书的主库,也是世界最大致力于保存手稿和珍本书的图书馆之一。这里珍贵的藏品不胜枚举,如美国摄影先驱人物

郭芳老师和王亮老师在斯德林纪念图书馆留影纪念

林徽茵的侄女林璎设计的女儿桌(斯德林纪念图书馆门口)

阿尔弗雷德·斯蒂格里茨（Alfred Stieglitz）的彩色底片，早期美国地图，第一部由拉丁美洲妇女也是唯一一部由逃亡奴隶写的《女

珍品和手稿图书馆

奴隶的故事》等。

在餐厅前面有一耶鲁校友纪念碑，典型的大理石学院派建筑风格，纪念在一战中阵亡的耶鲁学子。

至美团队在纪念碑前的合影

Chapter 2 他们在美国

第六节　麻省理工学院>>

▶▶ MIT，这三个英文字母已经成为科学和科技的代名词，一个大学能做到让英语简称都全民皆知，可见这个学校是多么得深入人心。

横跨查尔斯河的哈佛桥连接了波士顿和坎布里奇。站在桥上看查尔斯河两岸的景观，一边是麻省理工学院的工业园似的校园，一边是波士顿的商业大楼，却毫无违和感。从哈佛桥上就可以看到麻省理工学院著名的大圆顶（Great Dome）。这个圆顶所在的新古典主义风格建筑被称为10号楼，两边依次是1到8号楼。这座建筑现在看来也许很普通，但是在1916年当时却是代表了高端大气上档次。而后现代主义设计大师弗兰克·盖瑞（Frank Owen Gehry）在20世纪末建的斯塔特中心，也就是33号楼，成为了新世纪麻省理工学院的标志。这座建筑从外观上看七歪八倒，是盖瑞运用特殊建筑材料营造出来的视觉冲突。从建筑上面，就可以看出麻省理工学院追求独特和创新的精神。

至美看美国

> 麻省理工学院的第15任校长查尔斯·维斯特（Charles M.Vest）在2000年开始主导将麻省理工学院的两千多门课全部公开放到网络上面，供所有人学习和查询。这件事在当时引起了全世界教育界的轰动。而正是这种果敢、开放和容纳的精神，让麻省理工学院在成立的一百多年来，一直站在高等教育的浪尖。维斯特校长在2004年卸任时说道："这些年来，我担负的角色使我有很多的机会来了解学术卓越的由来和表现，使我对坚毅、勇敢、乐观的价值观有更深的体会。"正是追求卓越的驱动，伴随着坚毅、勇敢和乐观的精神，让麻省理工学院始终是大家心中的那个科研圣殿！

跨越中美顶级学府的距离
——访麻省理工学院杜琪（化名）同学

王亮：先简单介绍一下自己吧。

杜琪：我本科是在清华大学，研究生阶段在斯坦福大学，后来来到MIT读博士，这个暑假是第二学年刚结束。

王亮：简单说说你在MIT做研究的感受吧。

杜琪：我的研究方向是计算机图形学和机器人。在美国做研究方向上的选择会更自由一些。可以做自己感兴趣的方向，导师也会给我们很大的空间去思考和提出自己的想法。

王亮老师在MIT足球场采访杜琪

王亮：你觉得导师给你的帮助大吗？

杜琪：这边的老师水平都非常高，他们在自己的领域最前沿都很有建树，你从他们身上可以学到很多东西。另外在这里做研究，周围会有一些非常聪明的同学和同伴，他们会帮助你一起探索这个领域最前沿的东西。

不过最重要的还是，尽管你有这么好的资源可以利用，你自己的努力还是更起到决定性的作用。有时候老师和你之间的交流或者互动大多停留在一个非常高层面的意见或者建议上，但是真正具体的研究细节还需要自己去摸索。这也给我们很大的进步和发展的空间。

王亮：希望你能够在这个科研的天堂为你的领域做出不一样的成就。那么除了研究外你有什么爱好？平时有什么业余活动？

杜琪：我大部分时间是在做科研，还有一些时间会踢球或者打篮球、游泳之类的一些运动，再仅有的一些时间去参观一下、逛一逛波士顿的各种图书馆、博物馆。

麻省理工学院简介

以顶尖工程学与计算机科学闻名世界的麻省理工学院（Massachusetts Institute of Technology），坐落于美国马萨诸塞州剑桥市（大波士顿地区），与哈佛大学遥相展望。1846年，美国著名自然科学家威廉·巴顿·罗杰斯（Wil-

王亮老师和郭芳老师在十号楼大圆顶前

至美看美国

liam Barton Rogers）起草了一份文件，希望能够在波士顿建立一所理工学院，以适应美国快速发展的社会需要。经过数十年的努力，1861年，麻省理工学院得以诞生。由于南北战争的影响，1865年，麻省理工学院才终于迎来了它

至美团队在7号楼留影

的第一批学生，随后迅速发展，成长为全球顶尖的私立研究型大学。

沿着马萨诸塞麻省大道而起的7号大楼被认为是整所学府的入口，它也是连接东西校区的大动脉——无尽长廊（Infinite Corridor）的入口。

无尽长廊是一条252米长的走廊，走廊贯穿麻省理工主要的建筑物。走廊之所以重要，不仅是因为它连

无尽长廊

Chapter 2 他们在美国

冯抒恺老师和王亮老师参观实验室

长廊两边的照片体现出MIT学子丰富的文化生活

接了这些建筑，也因为它是校园东西间最径直的室内路线。

麻省理工学院不仅综合实力稳居世界前列，还拥有汇聚世界顶尖科技的林肯实验室、计算机科学及人工智能实验室、媒体实验室等顶尖实验室。计算机科学与人工智能实验室就位于设计风格前卫、看上去七扭八歪的著名的斯塔特中心。

斯塔特中心

斯塔特中心前的 MIT 标示

这所享誉全球的学校规模并不大。据官方数据统计,2016 至 2017 年度,学生总数约为 11300 名,其中本科生约为 4500 名,研究生约为 6800 名;教职人员约为 12000 名。但这丝毫不影响学校人才辈出。截至目前,麻省理工大学走出了 87 位诺贝尔奖获得者,15 位图灵奖获得者,其他重量级奖项也收获颇丰。学校一共设有 5 个学院,分别是:建筑与城市规划学院、工程学院、人文艺术和社会科学学院、斯隆管理学院与自然科学学院。

麻省理工学院的工程学院以其学术项目、师资力量和学生水平著称,被称为世界范围内的领导者。该院在工业工程领域的科研实践,开创性地推动了工程科学和技术的进步。这些进步被纳入到全球的教学和研究项目中,引领着世界科技的发展。

斯隆管理学院成立于 1914 年,由麻省理工学院经济学和统计学系的一个工程管理课程发展而来。1925 年,学院开始成立可授予硕士学位的项目。1950 年,前通用汽车公司总裁艾尔弗雷德·P.斯隆(Alfred P. Sloan Jr.)为建立工业管理学院慷慨出资 500 万美元。1960 年,学院开设博士学位课程。1964 年,学院正式改名为斯隆管理学院(Alfred P. Sloan School of Management),也就是如今我们看到的名字。凭借麻省理工学院强大的技术基础,斯隆管理学院在数量分析、物流管理和创业等方面均取得卓越成就。

建筑及城市规划学院注重从理论与实践两方面共同出发,讲求建筑(Architecture)、科学(Science)、技术(Technology)等多学科间的跨专业交叉。建筑专业以解决实际问题为出发点,依托麻省理工学院强大的科技资源支持,实现将建筑概念直接与实验室尖端成果迅速结合,为第一时间进行建筑概念落地铺垫可能。

至美看美国

学校地图

尽管麻省理工学院的学生经常被视作戴着眼镜不爱说话的书呆子，但实际上，他们不仅有着执着学术的书呆子一面，也有精灵古怪、热爱恶作剧的一面。

（图片来源于网络）

麻省理工学院的同学们在哈佛与耶鲁的橄榄球比赛上刻下了他们学校的名字。

将远在西海岸的加州理工学院的非官方吉祥物"红衣大炮"搬到了麻省理工学院圆顶大楼前。

恶搞达人们重塑了乔治·哈佛（哈佛大学创始人）的雕像，可人物的形象

（图片来源于网络）

却取自著名的视频游戏《光晕3》。

在运动方面,他们也毫不输人。

敢想敢做、不断创新、追求未来,麻省理工学院的学子是一个智慧活泼的集体,他们的努力与付出,正在引领着世界科技的进步。

(图片来源于网络)

在查尔斯河上划船的MIT学子

至美看美国

第七节　哈佛大学>>

▶▶ 圈子是这个时代比较流行的词汇,生活中每个人都有自己的圈子,网络里也有自己的朋友圈。而哈佛代表的就是他们的那个圈子。应该用"精英"还是"顶尖",或是别的什么词来形容这个圈子?或许"哈佛"两个字不需要任何的形容词,大家就能理解其所代表的意义。

哈佛的现任女校长德鲁·福斯特(Drew Faust),在2015年夏天的第364届毕业生典礼上幽默地说:比尔·盖茨和马克·扎克伯格之所以辍学创业成功,那是因为他们是从哈佛辍学的。哈佛是一个能够启发学生们思考如何改变世界的地方,这是哈佛的精髓所在。

"改变世界"四个字,看起来很难很空洞,哈佛却无论是在招生的过程中,还是在教育学生的过程中,都潜移默化地引导学生去思考并做出自己的尝试。招生的时候,招生官就用是否具备改变世界的潜力去衡量一个学生能否被录用;学生都是抱着改变世界的内在动力来到一起,接受哈佛教授的继续教育,然后潜力被开发出来成为能力。

我们总是讨论教育要如何改善？教育的目标是什么？而哈佛用"改变世界"这四个字去诠释了哈佛人的追求。为了改变世界，哈佛人必须全副武装起来，去学习，去超越。也许这就是"哈佛"两个字带给我们的某种意义。

在哈佛做采访很难。学生们都匆匆忙忙地路过，似乎永远在追赶时间，总有无尽的行程在后面。在哈佛纪念教堂，遇到盛装的学生们，帅哥美女，就像电影里面的场景。他们也是刚刚参加完活动，要赶着去晚上的聚会。而另一部分愿意接受我们采访的学生，很多时候告诉我们觉得自己不够优秀，不知道自己说的是否合适。有一句话是：比你聪明的人比你还努力，你怎么办？哈佛的学生永远都觉得自己时间不够、能力不够，还需要更努力，这也是哈佛之所以成为哈佛的一个原因吧。

从MIT来到一街之隔的哈佛园，似乎突然穿越回到了三百年多前，建筑物是殖民地时期的红砖风格，街道边的礼品店卖着焦油肥皂和雪茄，所有的细节让人置身于上上个世纪的感觉。而哈佛园后面的校区又是各种风格的建筑相结合，既有新古典主义的罗马风格，也有现代风格的玻璃外墙。哈佛，传统和现代的结合，既保存一直以来的传统，又不断地创新和发展。这样的哈佛，成为了世界的哈佛！

至美看美国

张蓓老师在哈佛园

哈佛的学生公开演讲

来自哈佛的声音
—— 访哈佛大学学生集锦

"从北京到哈佛的距离,我花了十年的时间才跨越。我高中参加了一个夏令营,去了哈佛,那个时候开始哈佛就成为了我的梦想学校。我大学付出了很多很多,就是为了能够进哈佛实现我的梦想。现在来到哈佛,我觉得一切都是值得的。也要感谢至美的老师们,遇到你们是我的幸运,谢谢你们在这条路上对我的帮助。"

"现在在哈佛做暑期科研,我觉得还是很不错的。我是乔治城大学的大二学生,我希望本科毕业能够申请一个好的研究生院,继

他们在美国
Chapter 2

续我的学业。至美的老师帮我申请到哈佛大学的暑期科研，让我有机会可以了解名校科研的情况。"

"在哈佛的学业有时候会非常的难，但有时也会非常有趣，你可以学到很多东西，也会遇到很酷的人。我觉得在哈佛最棒的一部分就是，这里的学生来自于全世界。"

"我的专业是心理学，这里非常酷，因为你可以享受心理学的课堂，这里会有很多参与者，所以这个非常酷，也是你能在这里得到的机会。"

"我来自南美洲，我在读哈佛的暑期课程。我来这儿是因为想经历不同的文化，想多了解另外的世界比如美国，想了解这里的学校是什么样的，校园是什么样的，生活在这里的人是怎么样的，等等。"

"我是来自印度的安德达格（Anderdager），是哈佛大学肯尼迪学院公共管理专业的研究生。十分有幸我之前去过中国，现在仍然和中国四川大学的同学保持联系，那是一个非常美好的经历。我认为所有的学生都应该来哈佛大学学习，学有所用，为自己的国家做出贡献。"

"我是今年刚刚毕业的哈佛学生。我来自加州圣地亚哥。我非常喜欢哈佛大学，选择哈佛大学是因为哈佛大学的文理学院非常棒，特别是化学专业，我可以学习不同领域的化学课程，我非常享受这里的学习。校园里有很多本科生的宿舍，不同的团体，大概300多人的样子。这是一个非常多样化的群体，而且大家的关系都很亲密。"

"我们现在正在哈佛读一个法律的预科项目，为之后能够成为律师做准备。对于我来说，在这里读书是很棒的体验。我们在哈佛

遇到了很多不同的人,很多老师和教授。哈佛真的是一所非常非常棒的学校,在全球都非常知名。所以如果你们要来美国学习,可以考虑来哈佛。"

哈佛大学简介

哈佛大学(Harvard University)是美国历史上最为悠久的高等学府,坐落于查尔斯河畔。它犹如一颗璀璨的明珠,历经岁月的积淀,在当代世界散发着无与伦比的光辉,牵动着无数来自世界各地的学子的心。

哈佛大学始建于1636年,最早由马萨诸塞州殖民地立法机关成立,初名新市民学院(the College at New Towne)。此举是因为当时从英国来的首批移民希望自己的孩子在新的家园也能够受到教育,于是这所全美历史上第一所建立的高等教育机构就这样诞生了。1938年,垂死的约翰·哈佛(John Harvard)将他自己图书馆的几百册藏书和他一半的房产捐赠给哈佛,校方为纪念他的倾囊相助,将这所学校命名为"哈佛学院"。到1780年学校正式更名为"哈佛大学"并沿用至今。目前,哈佛约有

至美团队在哈佛脚下合影

22000名在校生(约6700名本科生,15250名研究生)。

说到地标性建筑物,不得不提到学校昔日的赞助者——约翰·哈佛铜像。这里每天都会迎来络绎不绝的参观者,而且有传言称,摸哈佛的左脚便可以拥有智慧,哈佛的左鞋尖已经被百年来众多仰慕者摸得闪闪发光。

哈佛大学作为常春藤盟校的成员,迄今走出了8位美国总统,其中就有刚刚卸任的第44任总统巴拉克·奥巴马(Barack Obama),除此之外,包括教职人员和校友有一百多个诺贝尔奖获得者。学校下设15个院系,分别是:本科学院、商学院、神学院、教育学院、法学院、肯尼迪政府学院、医学院、公共卫生学院、牙科学院、设计学院、教育学院、文理学院、研究生院、继续教育学院和拉德克利夫学院。其中哈佛商学院在美国乃至全世界都极负盛誉,美国教育界还曾有这样一个说法:"哈佛大学是全美大学里的一项王冠,而哈佛商学院就是这座王冠上最耀眼的明珠"。

哈佛大学的商学院建立于1908年,是美国培养企业人才最著名的学府。知名校友如雪莉·桑德伯格(Sheryl Sandberg),现任脸

商学院

至美看美国

谱首席运营官；杰米·戴蒙（Jamie Dimon），现任摩根大通首席执行官。毫不客气地说，这里就是商人、主管、总经理的"工厂"，大批量地为企业输送着优质人才。而哈佛工商管理硕士学位（Master of Business Administration）更是成为了无数美国青年梦寐以求的学位。拥有了它，就如同拿到了通往财富和权力大门的钥匙。也正是因为它如此亮眼的光环，莘莘学子才能不断被吸引，从全球各地纷至沓来。

哈佛大学的法学院作为美国最古老的法学院，创立于1817年。历史悠久，富夙盛誉。奥巴马和他的妻子均毕业于此。此外，美国最高法院第17任大法官约翰·罗伯茨（John Roberts）、现任陪审法官尼尔·戈萨奇

冯柠怡老师和吴豐老师在法学院

法学院大楼

(Neil Gorsuch)也曾是哈佛法学院的一员。哈佛法学院仿佛一坛上好的老酒,越酿越香,至今仍然拥有着世界级的学术影响力,其法律学在QS(Quacquarelli Symonds的简称)世界大学学科排名中常年保持第一名的领先位置。

哈佛大学医学院是全美第三古老的医学院,成立于1782年。第一和第二分别是宾夕法尼亚大学佩雷尔曼医学院和哥伦比亚大学医学院。像其他哈佛的学院一样,哈佛医学院也始终走在时代前沿,见证了许多惊人的创举。美国最早的天花疫苗由此引入,第一例成功的心脏瓣膜手术、第一例成功的肾脏移植手术也是在这里进行。其他的成就不胜枚举。

约翰·F.肯尼迪政府学院成立于1936年,其前身是哈佛大学公共管理研究生院。1960年,为纪念约翰·F.肯尼迪,哈佛政治学院成立,但其主要目标是培养本科生。1978年,两学院合并。在不到一个世纪的时间里,这所年轻的学院培养出了许多优秀的政治领袖,比如说联合国秘书长潘基文,新加坡总理李显龙和香港行政长官曾荫权等。

最后不得不来说说本科学院(Harvard College)。自1636年哈佛成立之初,这个学院就同这所伟大的学校一起,历经时代的变更,变得越来越包容,越来越睿智,吸引着世界各地的学生前往。为了让学生最大程度地挖掘自己的潜力,哈佛本科学院开设了多达600多门课程供学生选择。到了大二,学生可以根据自己的兴趣自由地选择专业。虽说几个举世闻名的哈佛本科生,如比尔·盖茨,马克·扎克伯格(Mark Zuckerberg)等均辍学创业,但他们大胆创新的精神与哈佛一脉相承。

怀德纳图书馆

自然历史博物馆

正因为哈佛大学悠久的历史背景和卓越的教育水平，它也拥有着美国最古老、藏书最多、规模最大的大学图书馆（体系）以哺育无数求知若渴的学子。其中怀德纳图书馆（Widener Library）是哈佛大学校本部最大的图书馆，坐拥十层藏书库。

除图书馆外，哈佛大学还拥有馆藏丰富、让人大开眼界的各类博物馆。这些博物馆主要分为三大类：艺术文化博物馆、科学博物馆和数字馆。其艺术博物馆与牛津大学的阿什莫里博物馆、剑桥大学的非茨威廉博物馆，堪称世界上最有影响的大学艺术博物馆。科学馆中，自然历史博物馆是最不能错过的。它成立于1998年，由三个馆

组成,分别是:植物标本馆,矿物学与地质博物馆与比较动物学博物馆。数字馆则随处可以感受到前沿的数字技术,充满了科技感和现代感。

哈佛纪念教堂(Memorial Church)是1865—1868年间,由一个哈佛大学的校友组织"五十委员会"(Committee of Fifty)筹款,为纪

纪念教堂

纪念教堂门口盛装的学生

纪念厅

哈佛大学纪念厅内景

念在内战中死去的哈佛学子而建立的。她象征着勇气,与人们对和平的期许。

哈佛大学纪念厅里(Memorial Hall)的食堂是《哈利·波特》魔法食堂原型的姐妹篇,只有大一的新生才能在此用餐。哈佛希望来自世界各地的学生能更快融入学校生活,特意为新生们准备了这个食堂,让他们更好地互相结交。

哈佛大学纪念厅里的桑德斯剧院以其独有的设计风格和声学条件闻名。作为美国最悠久的剧院之一,拥有1166个席位,整座剧院呈半圆形,保持了观众与舞台之间的亲密性。剧院最初的目的是进行学术报告和盛大典礼。目前桑德斯剧院是哈佛本科合唱团和校管弦乐团活动中心,同时也举办许多专业演出,包括波士顿爱乐乐团,波士顿室内乐团,圣诞狂欢剧、赞歌和波士顿巴洛克音乐等。

Chapter 2 他们在美国

第八节 普林斯顿大学>>

▶▶ 陶哲轩,从十岁开始参加国际奥林匹克数学竞赛,连续三年从铜牌晋级到金牌。十七岁从澳大利亚来到美国,进入普林斯顿大学数学专业,并在二十一岁获得博士学位。他是第二位获得菲尔兹奖[1]这个数学世界的顶级奖项的华人。他选择普林斯顿,普林斯顿选择他,两相契合,这就是普林斯顿的数学专业!

普林斯顿大学以本科教育为核心,本科生有五千多人,而其研究生院只有两千多学生,从人数对比可以看到侧重点。普林斯顿大学在全美一百多个城市设有中学委员会,和当地优秀中学保持沟通,物色优秀的生源。普林斯顿大学的研究有人文、社会科学、自然科学和工程四个方向,并没有设法学院、商学院和医学院这样现代社会的热门学院,这样也保持了普林斯顿的学术纯粹性。普林斯顿大学的本科生是被鼓励进行科研的,并且可以自主选科研课题。普林斯顿大学就是这样从招生到教学保持其对本科生的培养,这也是为什么普林斯顿大学常年在《美国新闻与世界

报道》本科排名上第一或第二的原因。

普林斯顿的高等研究院,其实并不是普林斯顿大学的一部分,但是很多人都会觉得它们是如影随形的两个机构。爱因斯坦和哥德尔的到来让这个高等研究院成为大家所熟知的有名望的机构,而华人数学家丘成桐教授、华人物理学家杨振宁教授都曾经在高等研究院做过研究。普林斯顿大学和普林斯顿高等研究所共同成为了世界著名的理论研究中心。

在普林斯顿的校园,傍晚经常会与小鹿和小松鼠不期而遇。小鹿悠闲地散步在草丛中,让我们这些路人反而有些紧张,害怕打扰到它们的生活。在这样和谐的小镇环境里,潜心做研究是一件多么惬意的事情。

注:

[1] 菲尔兹奖(Fields Medal, 全名 The International Medals for Outstanding Discoveries in Mathematics)被称为数学界的"诺贝尔奖"。第一位获得此奖项的是华人丘成桐教授。

普林斯顿大学简介

一枚黑色和橙色区直对称的盾牌,是历史悠久的普林斯顿大学(Princeton University)的校徽。庄严的盾牌标志经久不衰,也象征着普林斯顿大学一直坚守传统的风格。普林斯顿大学创立于1746年。在它数百年的发展历程中,经历了校园迁址、独立战争、院系分离、校长无方。尽管历经这么多跌宕起伏,但普林斯顿大学如同它的校徽上的盾牌般,沉稳坚毅,一次次抵挡住了动荡,

崛起成为世界首屈一指的高校,常春藤盟校之一。

河水围绕着小城蜿蜒流淌,四周一片郁郁葱葱的蓬勃之景。普林斯顿大学坐落于美国新泽西州的芳草绿荫间,静谧的

校园一角

普林斯顿小城里。也许正是因为如此恬静安适的生活氛围,普林斯顿大学多年来一直保持着淳朴的校风。学校以理论学术研究为主,法学院、商学院、医学院,这些热门学院你可在这里找不到。其独特而浓郁纯正的学术氛围,是其他名校无法比拟的。

普林斯顿大学引以为豪的是该校对本科生的教育。由于普林斯顿大学十分严格的录取制度,学生人数并不多。目前在校本科生有五千多名,1∶5的师生比例让老师能够有充分的时间和精力关注到每一个学生的成长发展。在普林斯顿大学,本科生就可以享受研究生的教育和科研资源,从本科开始培养学生独立科研的能力,大大提高了学以致用的效率,这在世界高等教育中鲜有先例。普林斯顿大学每个专业的学术水平都位居世界前列,所以进入普林斯顿大学的学生,能够最大化地汲取学校的"营养"。

普林斯顿大学最古老也最有名的建筑是拿骚大楼(Nassau Hall)。建立于1756年,它见证了美国历史上一连串的重大事件。比如说1776年8月,新泽西立法委员会第一次会议的召开;1777年普林斯顿战役中,乔治·华盛顿指挥他的士兵从英军手中夺回阵

至美看美国

拿骚大楼

地。1783年,在拿骚大楼召开的大陆会议将普林斯顿定为首都,拿骚大楼又承担了政府大楼的重任,直到四个月后迁都费城。几个世纪以来,这栋大楼的角色从多功能建筑,办公楼,宿舍,图书馆,到专用的教室,一直演变到今天的行政大楼。另外,从1869年开始,每一届的毕业生都会在墙上种一棵新的枝藤,所以我们看到它的墙上长满了常青藤。

2017年普林斯顿大学在《美国新闻与世界报道》美国大学本科排名中蝉联全美大学第一,福布斯"美国100所最具价值大学"排名第三。普林斯顿大学最有名的专业学院是伍德罗·威尔逊公共和国际关系学院,其前身是于1930初建的公共与国际事务学院,当时学校只是想给文理学院的本科生提供更多跨学科学习的选择。1948年,学院增设了研究生项目,并为了纪念学校的第13任校长、新泽西州长、也是美国第28任总统伍德罗·威尔逊(Woodrow Wilson)更名为现在的名称。普林斯顿大学被誉称为"美国政治家的摇篮",因为这里培养出两任美国总统,3位美国最高法院大

法官。数以千计的普大毕业生担任过美国政坛里的高级官员。此外,从普林斯顿还走出了 40 个诺贝尔奖获得者,其中 16 名是校友,24 名是教职人员。

普林斯顿研究生院规模较小,有 42 个学术部门授予硕士和博士的学位,分布在人文、社会科学、工程和自然科学四个大的领域。目前在校研究生人数约为 2700 名。虽说规模小,但普林斯顿在学术和资料方面都名列前茅。普林斯顿的数学、哲学和物理系尤其有名,历史、英语、政治和经济系也都在学术界倍受尊重。博弈论创始人约翰·纳什就是普林斯顿数学系教授。此外,校友的捐赠也让各个学院能够稳健地发展。1996 年,香港大亨胡应湘一次性向普林斯顿大学工学院捐款 1 亿美元,使得当年工学院的申请人数陡增。

普林斯顿大学美术博物馆馆藏十分丰富,六万多件藏品囊括了国内外、中西方不同时期,不同地域文化的艺术瑰宝。为了让学生能够近距离接触到世界级美术作品,校方每年花一大笔钱购买世界名画家的作品,这对学校美术系教学和研究起到良好的补充作用。

普林斯顿大学图书馆目前共藏书 1100 万本,除了主要的燧石图书馆(Firestone Library)之外,很多独立的学科都有自己的图书馆,传统上每个有历史的学科在图书馆都有自己的自习室,让学子能够各自参考专业书籍和进行学术研究。

燧石图书馆

在普林斯顿大学的校园,看到最多的动物雕像一定是虎。因为老虎是普林斯顿大学的标志和吉祥物。

校园内的老虎雕像(图片来源于网络)

第九节　布兰迪斯大学>>

> ▶▶ 托马斯·弗里德曼，三次获得普利策奖，因为《世界是平的》而成为世界知名的记者，和哈佛的前校长萨默斯在哈佛大学共同开设"全球化"这门课。这个《纽约时报》的专栏作家，曾经就读于布兰迪斯大学。不知道弗里德曼是不是布兰迪斯大学的知名校友？
>
> 成立于20世纪初，五千多学生，小型研究型大学，波士顿郊区的小山上……布兰迪斯大学让我们联想到的就是小而美的概念。小是人数少，校园小，历史短；美是校园美，学术强。能够在这样一所大学读几年书，应该会让人有一种不同的气质吧。

在一所"小"大学的奇妙体验
——访布兰迪斯大学陈枭懿同学

王亮：在美国和中国学习研究有什么不同？

陈枭懿：在布兰迪斯学习的感受非常的奇妙，跟国内的大学是截然不同的。这所学校名叫大学，其实更像一所文理学院，它的学

科设置偏向于文和理,工科和其他的学科并不是那么强势,学术非常的纯粹,没有任何干扰。地理位置上也是如此,这里距离波士顿大概有30分钟左右的车程,宁静而不受打扰。

在国外学习可能相对更加安逸一些,但是周围很多优秀的人会对你产生非常强的驱动力,这是国内国外不一样的地方。同时国外对于科研成果的看重并没有国内那么强势,所以我们可以更多地专注于自己的兴趣领域。

王亮老师采访至美学子陈枭懿

王亮:介绍一下你现在的专业吧。

陈枭懿:我现在是在做生物化学方面对于抗癌药以及药物传输的研究,主要是用化学的方法去研究一些生物的问题,属于化学系,但是偏生化方向。

王亮:你们选课是否有弹性呢?

陈枭懿:国外的项目对课程的要求没有国内那样高,课程的数目非常少,但每一门课程的质量与它要求的工作量比国内的课程要大很多。所以一个学年如果选三门大课三门小课的话(这是项目

的最低要求），会完全填满你的周一到周五，所以非常充实。这边的课程设置也相对偏向于深度而不是广度，所以难度也是有的，非常好的学术体验。

王亮：布兰迪斯大学的小班授课模式和国内的授课模式有什么不同？

陈枭懿：确实有很大不同。我在国内就读的学校也是以人少而著称，但是我上的课最少也是在40到50人；在这边我现在一共上了六门大课，无数门小课，最大的课程人数也就在30到40人，比较正常的大课人数不到20人，教授一天就可以记住所有人的名字，上课回答问题是直接点人的，缺课的话一眼就知道，也是十分奇妙的体验。

王亮：那么布兰迪斯大学的国际学生比例或中国学生比例是怎样的呢？

陈枭懿：在文科和理科这边我们学校国际学生比例不是很高，大概20%左右。在我们的商学院国际生比例会比较高，可能会接近一半或超过一半。

王亮：你们在这边的课余生活怎样过呢？

陈枭懿：大球类运动我不是很感兴趣，有时候会打打羽毛球。那边还有我们的免费健身房，有时候也去，但是效果不是很明显。课余生活比较田园，非常的惬意，而且能够追求学术的真谛。

布兰迪斯大学简介

布兰迪斯大学(Brandeis University)位于美国马萨诸塞州"著名大学城"——波士顿地区，是一所综合性极强的私立研究型大学，素

至美看美国

有"全美最年轻的主要研究院大学"之称。创建于1948年的布兰迪斯大学,由犹太人集资创立,并以第一位犹太裔的美国最高法院大法官路易斯·布兰迪斯(Justice Louis D. Brandeis)的名字命名。在过去的60多年历史里,犹太文化中敬畏学习、强调批判、追求理想的价值观深深根植于布兰迪斯大学的土地上,成为布兰迪斯大学持久进步的生命源泉。

虽然布兰迪斯大学由犹太人建立,但学校本身是一所非宗派大学,布兰迪斯大学以开放的态度欢迎全世界所有背景、文化、信仰的教师、学生与工作人员。布兰迪斯校园内还设有多个教堂,以方便不同信仰的学生生活。高度的包容性,是布兰迪斯大学区别于其他研究型学府的重要特征之一。

布兰迪斯大学拥有布兰迪斯国际商学院(Brandeis International Business School)、研究生文理学院(Graduate School of Arts and Sciences)、海勒社会政策与管理学院(Heller School for Social Policy and Management)等多所学院,在商科、物理学、社会学、人文科学等研究领域均享有盛名。据2015年官方数据统计,学校共有本科生约3600名,研究生约2000名。尽管布兰迪斯大学是一所综合大学,但它推崇小班授课与精英教育,注重对学生能力的培养。在讨论式课堂中,学生人数往往在20人左右,每一名学生都

至美团队在布兰迪斯大学

Chapter 2 他们在美国

能得到教授关注与答疑的机会。

除了学术成就外,布兰迪斯大学的校园环境也是它享有美誉的原因之一。占地约 235 英亩的布兰迪斯大学小巧别致,是坐落在森林区

如城堡般的大学宿舍

里的一座浪漫学府,苏格兰风情的古典城堡宿舍、设施齐全的体育馆、装备最先进远程教学技术的会议室、巨大钢琴般的大礼堂、头顶大礼帽的剧院……学术、生活与美景交融在 235 英亩中,井井有条,引人沉醉。

布兰迪斯国际商学院(Brandeis International Business School,简称 IBS),是位居全球先列的商学院之一。布兰迪斯国际商学院成立于 1994 年,最初叫作国际经济与金融研究生院(Graduate School of International Economics and Finance),当时仅能授予两个学位。通过二十多年的快速发展,布兰迪斯国际商学院将严谨的教学与学生活跃的实践相结合,为商业、金融、经济等领域培养出一大批专业人才。

布兰迪斯大学国际商学院拥有众多全美顶尖项目,其国际

吴曼老师在国际商学院

经济与金融硕士项目（Master of Arts in International Economics and Finance）被《金融时报》（*Financial Times*）评为全美第二，工商管理硕士（Master of Business Administration）项目连续九年位列北美顶尖，金融硕士（Master of Science in Finance）项目在全美排名前十。

海勒社会政策与管理学院（Heller School for Social Policy and Management）创立于1959年，它是布兰迪斯大学的第一所专业学院，也是第一所在社会福利与社会政策之间搭建桥梁的学院。在数十年的发展中，海勒社会政策与管理学院不断研究社会政策与计划，以适应社会群体与个人不断变化发展的需求，解决急迫的美国与全球社会问题。如今，海勒社会政策与管理学院已成为一所顶尖的研究机构，它在心理健康、药物滥用、老龄化、慈善事业、儿童、青少年、家庭等社会学领域均处于先锋地位。

艺术与科学研究生院（Graduate School of Arts and Sciences）是一所中等规模的开创性研究中心。中等规模使得学院能够将布兰迪斯大学顶尖研究资源与自由开放的艺术环境完美结合，在艺术与科学多个领域开展跨学科研究，同时，也能保证学院的每一位学生都能与世界级教授建立亲密的学术研究关系。

研究生文理学院开设的项目包括音乐创作和理论、古希腊罗马研究、生物化学与生物物理、人类学等学科，横跨艺术、人文、科学、社会学等多项领域，共有17个博士项目与40多个硕士和学士后项目。

艺术中心

他们在美国
Chapter 2

人文科学研究中心

在古希腊神话中,猫头鹰是智慧女神雅典娜的爱鸟,因此西方文化将猫头鹰视作吉祥的象征。作为布兰迪斯大学的吉祥物,一代代布兰迪斯人为猫头鹰赋予了"睿智""才能""杰出"等美好象征。猫头鹰手中的锤子则是法官的代表,作为对犹太裔大法官路易斯·布兰迪斯的纪念。而猫头鹰一身蓝色运动服,则是挑选了布兰迪斯大学的吉祥颜色——蓝色,同时也彰显了其体育精神。

学生设计的无名雕塑

吉祥物猫头鹰(图片来源于网络)

第十节　波士顿大学>>

▶▶ "Boston University is no small operation." 波士顿大学不是一个小规模的学校！这个宣言的背后，所代表的不仅仅是高达3.3万人的学生总数；而是这所学校无所不包的气量，无所不教的学科广度。

自建校起，"与众不同"就根植于波士顿大学的基因中。正因为如此，民主斗士马丁·路德·金（Martin Luther King, Jr.）将这所学校作为根据地，传递公平和正义的声音；正因为如此，比尔及梅林达·盖茨基金会（Bill & Melinda Gates Foundation）捐赠学校，为降低赞比亚新生儿死亡率而奋斗；也正因为如此，这里被3.3万多名学生称为母校和第二家园。

所以，尽管波士顿已经有了哈佛大学、麻省理工学院、塔夫茨大学这样赫赫有名的学校，波士顿大学也毫不相形见绌，在波士顿市中心骄傲地迎接来自130个国家和地区的学生。

在波士顿跨进博士的行列
——访波士顿大学马亚雄同学

冯抒恺：从中国地质大学来到波士顿大学，你觉得最大的转变是什么？

马亚雄：比我想象中学习氛围更浓一些，学校和很多企业有合作，所以不论是从选的课程还是从平时参与的项目都不难发现，学校给予学生很多机会去实践。从国内的灌输，被动的学变成我如果想通过这门课就需要自己主动去掌握知识点，同时扩展它们，这也是一个很有趣的过程。

基本一到考试前夕，图书馆都是爆满的，甚至图书馆的楼道上都坐了学生，摊开书在学习。

此外，我博士的机会也是很意想不到的，国内基本是硕士毕业了才能够读博士，这边是本科毕业可以直接申请过来读博士，你在美国读硕士的过程中，如果找到感兴趣的研究方向，跟着教授做科研也一样有机会在第二年硕士项目中直接转博士。比如我，我就是这种方式，通过一年的硕士学习，直接转入到博士项目（还给我了全奖，哈哈），虽然我本科的 GPA 不太好。当时至美帮我录取到波士顿大学真的很感谢。

冯抒恺：现在博士二年级，学习的情况又如何呢？

马亚雄：博士还是和硕士不太一样，我现在加了助教的工作，所以会更加忙碌一些，不仅要把自己的学习和科研安排好，还要兼顾每周的助教时间，比如我今天基本就在教授办公室里呆了一整天，明天周末还要到学校去改期中卷子。在一个最后期限和另

一个最后期限之间徘徊,晚上还要一边写代码,一边和家里人视频。暑假基本很忙,看寒假教授给不给假期回国和家人过个节。等之后把资格考试考完都过了就能够稍微松口气了。

冯抒恺:博士毕业之后你有什么打算?有给自己做职业的规划吗?

马亚雄:目前已经实习过一个小公司,主要还是结合了编程和本专业的运用,还做了一些APP。我的导师也有很多资源,争取博士毕业前多做几个项目,累积科研经验,同时自己一边找实习,可能后期还是会结合我比较拿手的编程类和计算机领域相关的来找,此外也会留意博后的机会。

波士顿大学简介

波士顿大学(Boston University),位于美国马萨诸塞州波士顿市区,比邻哈佛大学、麻省理工学院,是一所世界顶尖的私立大学,也是美国大学协会(Association of American Universities)与爱国

至美团队抵达波士顿大学

者联盟(The Patriot League)的成员之一。

波士顿大学成立于1839年,最初是一所卫理公会的神学院,随后进行多次迁移。1938年至1948年间,波士顿大学逐渐迁至查尔

斯河校区,也就是如今的波士顿大学主校区。历经近两百年的成长转变,波士顿大学从一所地方神学院发展成世界顶尖的高等学府,拥有来自 130 多个国家的 3.3 万多名学生,有着"学生天堂"的美称。

至美团队采访波士顿大学学子

波士顿大学拥有传播学院(College of Communication)、工程学院(College of Engineering)、凯斯特罗姆商学院(Questrom School of Business)等 17 个学院,学术研究横跨 250 多个领域,课程齐全,项目丰富。

波士顿大学传播学院在全球传播学领域享有很大声誉,其新闻项目也是全美顶尖。1947 年,波士顿大学建立了世界上第一个公共关系学院(School of Public Relations),这便是传播学院的前身。2015 年,传播学院建立了世界上第一个新兴媒体研究(Emerging Media Studies)的硕士与博士学位。从建

吴曼老师在传播学院

立之日到今，这个学院始终致力于培养下一代媒体、新闻、电影电视、广告等方面的精英人才，推动世界交流传播。如今，传播学院在全球范围内拥有超过3万名校友。从普利策奖到艾美奖，从好莱坞导演到电视台编剧，各行各业都有传播学院校友的精英身影，其中包括NBC环球娱乐董事长邦尼·海默（Bonnie Hammer）、BBDO环球网络公司董事长兼首席创意官戴维·鲁巴斯（David Lubars）、美国国际数据集团董事长熊晓鸽等人。

凯斯特罗姆商学院原名管理学院（School of Management），于2015年正式改名，以感谢美国零售业大师艾伦·凯斯特罗姆（Allen Questrom）为商学院捐助的资金，并向着更加广泛的研究领域迈进。凯斯特罗姆商学院的重点课程覆盖数字技术（Digital Technologies）、社会企业和可持续性（Social Enterprise and Sustainability）、能源和环境（Energy and the Environment）等领域，并为学院的本科生提供工商管理学士学位，为研究生提供工商管理硕士学位、博士学位、双学位等课程项目。

波士顿大学工程学院（College of Engineering）是美国顶尖的工程学院之一。它以培养新一代工程师，推动工程科学

冯抒恺老师在工程学院

前沿进步为教育使命,并为该院学生提供广泛的课程与研究项目、尖端研究实验室、高水平座谈会等学术资源支持。学院拥有生物医学工程、电子与计算机工程、机械工程、系统工程和材料科学与工程五大研究部门,其中生物医学工程(Biomedical Engineering)项目在学术界享有广泛声誉。

冯抒恺老师在大门采访学子

波士顿大学图书馆系统由12座图书馆组成,拥有240多万册藏书和45000多部期刊,并收藏有460多万件缩微资料。其中较为知名的图书馆有非洲研究图书馆、科学与工程图书馆、音乐图书馆等。

至美看美国

第十一节　卡内基梅隆大学>>

▶▶ "My heart is in the work."

钢铁大王安德鲁·卡内基（Andrew Carnegie）创建了这所大学，并让自己的这个人生理念伴随这个学校永世留存。所以到今天，卡内基梅隆大学依然吸引着众多优秀学子追求前沿科技和投身工作，以对世界做出自己的贡献。

李开复从哥伦比亚大学以计算机系第一名的成绩毕业，在斯坦福大学、麻省理工学院和卡内基梅隆大学中毅然选择卡内基梅隆大学继续进行科研、攻读博士学位，就是侧面证明卡内基梅隆大学的计算机学院的地位。李开复在那里做出来的语音识别系统被1988年的《商业周刊》评为当年最重要的科技发明。也可以看得到成功就是天才的努力和导师的引导相结合。今天，虽然加州是计算机产业的基地，但是卡内基梅隆大学依然是计算机天才的选择。

Google 的工程师
——访卡内基梅隆大学刘炟呈同学

冯抒恺：先做一下自我介绍吧。

刘炟呈：我是武汉大学2011级计算机学院毕业的。一开始打算走学术道路，后来因为各种莫名其妙的原因还是跑来当码农了，走技术路线。

刘炟呈在谷歌接受冯抒恺老师的采访

冯抒恺：你当时录取了很多学校，其中伊利诺伊大学厄巴纳-香槟分校（UIUC）还给了硕士全奖，最后选择了卡内基梅隆大学，去读数据科学计算（computation of data science）的项目，你感觉怎么样？

刘炟呈：一开始我走学术道路，后来进卡内基梅隆大学（CMU）后马上转型走技术道路了，感觉压力很大，自己的代码经验也不是很足，但是没有办法还是死撑着。第一学期是跟着学校的课程，努力保证自己不挂科。后来到了寒假的时候，我经验不足，没有找到实习。有些学生没有找到实习就出去玩，但是还有很多跟我一样留下来不停地刷题。懂的人都知道刷题是什么概念，我就不多解释了，呵呵。当时自己刷了不少题，在学校课程这边也没怎么落下，最后第三学期的时候，算是人品爆发了一下，进到了Google，大概就是这样的一个过程吧。

冯抒恺：那你跟大家分享一下现在在 Google 的适应情况。

刘炟呈：感觉要比在 CMU 轻松多了。CMU 的压力很大，我平均每天睡大概 6 个小时左右，第一个学期只睡大概 5 个小时左右，比较惨。现在我感觉每天睡 7、8 个小时没有问题。

冯抒恺：那工作这块你觉得充实吗？是你想要的那种环境吗？

刘炟呈：我是 "Site reliability engineers"，勉强翻译成中文就是：站点可靠性工程师。还算比较充实吧，偶尔也会出现自己不知道干什么的情况，就是有的时候方向性的问题。有时候，事情可以用很多不同的方法来做。

冯抒恺：就是会有很多的 idea 你自己去发挥，找你自己的方法。

刘炟呈：对对对，有的时候经理说他觉得怎么做可行，然后又一不小心跑到其他地方去了，就是他人物理上跑到别的地方去了，因为 Google 是全球性的公司，经理可能会跑到澳大利亚、瑞士……然后就一个星期不管我了。有的时候我卡壳的时候，就会出现短时间没有人交流的情况，但是也还好，整体上还算比较充实，也给了我一些独立思考的空间。

冯抒恺：那在这里工作，你觉得最开心的部分是哪些？

刘炟呈：最开心的话，我觉得是吃饭的时候，漏洞被解决的时候，然后项目做完的时候。

冯抒恺：我刚才听你说每个星期四的时候，你们的老板（谷歌创始人）会在员工食堂做一些演讲。

刘炟呈：也不算是演讲，就是很有趣的一些分享型信息吧，告诉我们这一个星期公司有哪些大新闻之类的。

冯抒恺:所以你每个星期都可以看到你们的创始人。

刘炟呈:对,如果你想看的话。平时大多数人并不想去看,可能因为看太多了。

冯抒恺:太棒了!那除了平时上班,你们还会在公司里面做些什么样的事情呢?因为我看到有很多给员工休息、娱乐的场所。

刘炟呈:比如说中午吃饭的时候或是晚上6点以后,就是所谓的非工作时间,大家就会有一些娱乐活动。比如说我在的那个办公室会有一个滑板的滑道。

冯抒恺:就是帮助你们减轻压力,因为程序员工作压力比较大,要不停地关注在一件事情上。那你喜欢工作环境吗,因为很多人都会问怎么可以这么快地通过卡内基梅隆的项目然后找到工作呢?

刘炟呈:其实没有那么容易,要付出很多努力的。

冯抒恺:那过程当中,包括进入到Google,比如第一个星期或者第一个月,你是怎么样适应的?

刘炟呈:其实Google在这方面做得比较好,它很照顾新人,基本上像我的话,6个月之内都会被当作新人来看待,意思就是说经理不会给你太多的事情去做,也会给你配一个导师。

冯抒恺:就是带着你一起来工作?

刘炟呈:对,类似的情况,导师会每个星期抽半个小时来开个小会,说下这个星期要怎么样安排,但是到3个月之后,导师就慢慢放手不管了,这就是慢慢适应的一个过程。现在已经基本上可以顺利地工作了。

冯抒恺：那希望你能好好享受在 Google 这个平台上面的锻炼和发展，祝你未来有一个美好的前程。

兄弟一起闯硅谷
——访卡内基梅隆大学刘彦成同学和詹翛然同学

冯抒恺：你们先自我介绍一下吧。

刘彦成：我是武汉大学 2010 级生科院的学生，现在在硅谷的 PayPal 做系统工程师。

刘彦成和詹翛然的合影

詹翛然：我是武汉大学 2010 级的学生，毕业于软件工程专业。在大三的时候遇到了至美，非常幸运，遇到了冯抒恺老师、张蓓老师、还有梅老师、提娜老师，大家一起帮我。能够成功录取到卡内基梅隆计算机项目，很感谢各位老师。也是在至美，我和刘彦成相遇，成为了好朋友。然后去年毕业来到了加州硅谷帕罗奥图市(Palo Alto)的威睿工作。

刘彦成：那我也要感谢一下冯抒恺老师和张蓓老师，遇到你们，是我很开心的一件事。当然我也要说遇到詹翛然，也是很好的。

冯抒恺：刘彦成为什么本科学的生物，后来从事了 IT？

刘彦成：本科的时候选了计算机专业作为双学位，对我帮助比较大。后来因为对计算机比较感兴趣，就申请生物和计算机交叉的

项目。来到卡内基梅隆大学这边之后发现,计算机项目远远比生物的要热门,而且学了计算机比较好找工作,所以后来就学计算机了。

冯抒恺:以前我们一起做申请的时候,你还学过一些网上的课程,比如说红帽子、甲骨文之类的课程。你觉得那些课程对你后来的学业有帮助吗?

刘彦成:我感觉这些课程对申请留学的话,帮助有限。但是对在这边找工作的话,帮助还是非常大的,因为这可以帮你的简历通过第一轮筛选,直接进入到面试。

冯抒恺:原来这么有用,以后我们也会多建议学生在国内就开始上一些类似的网络课程。你们是觉得在学校压力大还是在这边上班了压力大一些?

詹翛然:还是在学校里面吧,我觉得在学校里面是最辛苦的,要学东西、刷题、做项目。公司的话你每天朝九晚五的,其实每天都有固定的时间,就不会像在学校里面那样没日没夜地学,感觉没有终点。

冯抒恺:介绍一下你们的公司和现在所处的部门吧。

刘彦成:我所在的PayPal是全球最大的一个在线支付公司,在国内用的比较少,在美国的话属于最普遍的,我所在的部门是属于一个维护开发环境的服务器的一个集群。

詹翛然:威睿是一家全球桌面到数据中心虚拟化解决方案的软件公司。我在威睿做的主要是跟"云"有关的东西,比较新嘛,年轻人也比较多。项目的话也比较新,用新的技术,我非常喜欢这种

环境,这个组。

冯抒恺:在这边上班感觉怎么样?

詹翛然:我有个导师,是一个意大利的长腿哥哥,他可能在时装上面更擅长一点;技术上的话,主要是另外的人带我,我感觉这里大家都非常的友好,我们公司属于比较老龄化的一个公司。

刘彦成:我感觉比较好的是工作和生活可以分开,有很多休闲的时间可以利用。

冯抒恺:平时你上班和下班的时间怎样的?

刘彦成:这个主要看任务有没有完成,如果完成了的话,老板是不会太在意你是几点去上班或者几点就下班了。但是如果临近项目要收尾的时候,大家就会赶一赶,一起加班完成,并检查所有的细节。

冯抒恺:在这边生活融入怎么样,从学习到生活,有没有什么地方觉得很难,有没有什么建议给学弟学妹们?

刘彦成:我觉得中国研究生及以上的学生过去所接受的教育和文化跟美国本地人还是非常不一样的,所以融入他们的文化还是比较困难的。如果能更好地融入,就会在职场或者生活方面比较好;如果融入不了的话,也可以工作,但是会感觉比较无聊。

詹翛然:我感觉在加州最开心的就是到处都是中国人,所以永远不缺同龄人啊、朋友啊,大家都会给你特别多的建议。

冯抒恺:看来大家不仅是要学好语言,更要学习别人的思维方式和行为方式。那么,在找工作和学习方面,有没有一些小的技巧传授给大家?

刘彦成：实习，我的技巧就是提早申请。来卡内基梅隆大学之后，我第一个月就已经开始申请实习了，第二个月就已经找到了实习。开始的越早，岗位越多，越往后拖的话竞争越激烈，所以提早是一个比较重要的技巧。这其实是美国的一个文化，任何事情都要提前申请，就像申请美国学校，也是要提前开始准备，越早递申请录取的可能性越大。

冯抒恺：对，在欧美都是这样，申请早，那么你拿到机会获得机会的几率就会更大一些。

詹脩然：一定要选至美，因为首先是进入一个好的学校，一个好的项目，这相当于是你成功的敲门砖。然后找工作的话，机会最稳的还是内推，所以准备面试的时候就多跟朋友们交流交流，如果是计算机行业的话，美国这边还是比较看重刷题。当然，海投也是可以的。

至美团队在硅谷与学子共进晚餐

至美看美国

卡内基梅隆大学简介

卡内基梅隆大学（Carnegie Mellon University，简称CMU），是一所享誉世界的私立研究型大学。它伫立于美国宾夕法尼亚州匹兹堡市的东南角，依山傍河，环境优美。

与一些历史悠久的名校相比，卡内基梅隆大学是一所十分年轻的学校。1900年，美国"钢铁大王"安德鲁·卡内基（Andrew Carnegie）致信政府，愿意捐资100万美元建立一所技术学院，为匹兹堡市青年提供科学技术与实用技能等方面的培训。不久之后，卡内基技术学院开始通过工程学院与美术学院等学院提供学士学位，逐步转为研究为主的学院，改名为卡内基理工学院。1919年，该校的第一个土木工程博士学位授予了中国留学生、未来的中国桥梁专家茅以升。同一时期，美国金融家安德鲁·梅隆（Andrew Mellon）创立梅隆工业研究所。1967年，两所学院的董事会决定将两校合二为一，并命名为卡内基梅隆大学。

在过去的一百多年时间里，卡内基梅隆大学不断发展，并以创

卡内基梅隆大学内的茅以升先生雕像

新、解决现实问题和跨学科合作而闻名世界。进入21世纪，为了使全球学子得到更多国际教育机会，卡内基梅隆大学开始提供匹兹堡以外的学位课程。如今，它在全球拥有超过12个学位授予地点和20多个研究合作伙伴，包括洛杉矶、纽约、华盛顿特区，以及澳大利亚、中国等国家。

卡内基梅隆大学下设7个学院，分别是：计算机科学学院、艺术学院、工程学院、信息系统&公共政策管理学院、人文与社会科学学院、梅隆自然科学学院与泰珀商学院。据官方数据统计，学校学生总人数约为14000名，教职人员约1400名。在2017年的《美国新闻与世界报道》大学综合排名中，卡内基梅隆大学位列23位，它的计算机科学学院、艺术学院、工程学院等院系均位居全球学术顶尖。在这里走出了12位图灵奖得主，20位诺贝尔奖得主，9位奥斯卡奖得主。截止目前，至美前程已帮助近百名学子成功录取到卡内基梅隆大学，申请项目囊括计算机、EE、交互设计、信息管理等知名院系。

卡内基梅隆大学计算机科学学院的盛名享誉全美，该院下设七个部门或机构，分别为：计算生物学部门（Computational Biology Department）、计算机科学部门（Computer Science Department）、人机交互研究所（Human-Computer Interaction Institute）、软件研究所（Institute for Software Research）、语言技术研究所（Language Technologies Institute, LTI）、机器学习部门（Machine Learning Department）及机器人研究所（Robotics Institute）。它是美国为数不多的将计算机专业单独成院的大学之一，也是全美乃至全球最顶尖的计算机学院，它的软件工程专业更是遥遥领先于其他名校。该院可授予学士、硕士、博士学位，课程有计算机硬件、计算技巧、人工智能、程序设计、机器人等。在这里，走出了"Java之父"詹姆

斯·高斯林（James Gosling），前 Google 中国总裁、著名企业家李开复等精英人物。

卡内基梅隆大学工程学院因致力于科学和实践而闻名。该院教授关注改变与改革的成果，他们认为这将推动国家乃至世界的智慧与经济走向活力。该院由 7 个系组成：生物医学工程系（Biomedical Engineering）、化学工程系（Chemical Engineering）、土木与环境工程系（Civil and Environmental Engineering）、电子与计算机工程系（Electrical and Computer Engineering）、工程与公共政策系（Engineering and Public Policy）、机械工程系（Mechanical Engineering）、材料科学与工程系（Materials Science and Engineering）。还包括两个研究所，分别是信息网络研究所（Information Networking Institute）和综合创新研究所（Integrated InnovationInstitute）。专业课程有工程设计与制作、电子与计算机工程、电磁学和光学等课程。美国通用汽车第二任 CEO、前国防部长查尔斯·威尔逊（Charles Edward Wilson），博弈论创始人、电影《美丽心灵》男主角原型约翰·纳什（John Forbes Nash Jr.）等人都是卡内基梅隆大学工程学院培养出的人才。

卡内基梅隆大学艺术学院是美国最古老的美术学院之一，也是如今名列全美前十的艺术学院，由建筑系（Architecture）、艺术系（Art）、设计系（Design）、戏剧系（Drama）、音乐系（Music）组成。其平面设计、工业设计、建筑设计等专业在全美均处于顶尖水平。

位于校园入口处的醒目标志——《迈向天空》
（图片来源于网络）

他们在美国 Chapter 2

第十二节　加州大学伯克利分校>>

>> 田长霖，1935年出生于武汉市汉口，1959年取得普林斯顿大学的硕士和博士学位，1990年成为加州大学伯克利分校122年历史上，也是美国有史以来第一位华裔及亚裔大学校长。田长霖生前非常关心祖国及家乡的发展，是中国科学院首批外籍院士和香港创新科技委员会首位主席，同时也是"武汉中国光谷"首批聘请的科学顾问之一。

从伯克利能够录用华人校长，可以看出这所学校的兼容并蓄、海纳百川的优势和特点。虽然有时候大家戏谑地说：斯坦福的老板，伯克利的工程师。但是伯克利却因为自己的包容和坚持，依旧被全世界的人们认定为世界顶尖的高等学府。

至美看美国

未来的医生
——访伯克利大学肖明(化名)同学

王亮:跟我们说说大学学习的感受吧。

肖明:高中就到美国来学习,所以我已经对美国的学习方式很适应,但是大学总体来说是非常紧张的。

王亮:给我们介绍一下伯克利的选课。

王亮老师采访肖明

肖明:伯克利是一所公立学校,所以学生特别多,比起私立大学来说,貌似资源比较有限一点,所以选课一般来说没有那么容易。

王亮:你是学化学的,选课的时候是不是范围会更广一点?融合性会比较好一点吗?

肖明:我主要选的是生物、化学、物理这些课程。

王亮:学习之余你平时都干嘛?

肖明:课余生活个人比较喜欢照相、滑板这些自由活动。

王亮:本科毕业后有什么打算和计划呢?

肖明:因为我现在读的是化学和生物方向,所以以后打算去读医

学院,想往医生这方面发展。

加州大学伯克利分校简介

加州大学伯克利分校(University of California, Berkeley)建校于1868年,简称伯克利。伯克利是全美顶尖的公立大学,位于美国西海岸美丽热情的加利福尼亚州,是加州大学的创始校区。加州大学的每个分校都有自主管理权并设有校长。除了共有行政管理,伯克利等同于独立大学。

加州大学伯克利分校的校徽是一本摊开的书籍,上方有一颗明星闪烁着光辉。在摊开的书籍上有一条缎带用拉丁语写着"让光明普照",寓意让知识成为指引人们进步的光,普照大地。伯克利也确实做到了它校训所要求的那样。在经济发展本就比东部要缓慢的美国西部,伯克利在成立之初就怀有长远目光,瞄准当时世界上的先进水平为目标。高薪聘请人才,网罗大批名牌教授和著名学者。伯克利经过对自己不断高标准高要求的发展,最终成为可以抗衡东部常青藤高校联盟的西部学术脊梁。

伯克利校风包容自由,极富加州风情。1964年伯克利发起的"言论自由运动"一举让它变成了当时美国社会变革的中心之一。同一时期,随着自由主义、反抗精神在伯克利渐渐兴起,嬉皮士(Hippies)文化在这里孕育而生。体现反抗精神的代表作《毕业生》(*The Graduate*)也以伯克利为背景拍摄,并获得1968年金球奖最佳影片、第40届奥斯卡金像奖最佳影片提名,成为如今人们仍然争相称赞的经典之作。其电影主题歌《寂静之声》(*The Sound of Silence*)和《斯卡堡集市》(*Scarborough Fair*)至今仍广为传唱。

伯克利学术上的黄金时代,开始于20世纪初期、中期。物理学教授、原子弹之父罗伯特·奥本海默(J. Robert Oppenheimer)在伯克利成立了"奥本海默理论物理学中心"。华裔数学大师、20世纪微分几何奠基人陈省身于1960年担任伯克利的数学教授,并且是享誉世界的美国国家数学科学研究所(MSRI)的首任主任。目前伯克利共有36位诺贝尔奖获得者,其中7位为在校教职人员,29位为校友。除此之外,在校教职人员中,还有4位普利策奖获得者,3位图灵奖得主。无数群星汇聚成一片璀璨的星河照耀在伯克利的上空,引领伯克利一跃成为世界学术研究的最重要中心之一。

伯克利在美国大学中是一所规模相对较大的学校。据官网显示的2014年在校生人数统计,本科生人数约为27000名,研究生约为10500名。学校下设14个学院,分别是化学学院、教育学院、工程学院、环境设计学院、哈斯商学院、信息学院、新闻学院、法学院、文理学院、自然资源学院、验光学学院、公共卫生学院、公共政策学院和社会福利学院。在2017年QS世界大学46个学科/专业的排名中,伯克利半数以上的专业进入世界前十,与哈佛和斯坦福一起位居世界前列。

伯克利的研究生教育一直被认为是美国最为顶尖的水平,其每年培养的杰出人才在过去的100多年来,为美国社会做出了杰出贡献,同时也为世界培养了

阶梯教室大课结束后教授答疑

很多国际人才，其影响遍及全球。研究生院获得美国国家科学基金会（NSF）奖学金（Fellowship）的研究生数量高居全美第一。

加州大学伯克利分校哈斯商学院（University of California-Berkeley，Haas School of Business）自1899年以来一直都是美国 MBA 教育的领导者之一。不仅因为它绝佳的地理位置——依托加州的强大财政支持和西海岸的优秀商业环境，较低的录取率造就了哈斯的小规模精细的教育理念，更为学子称赞的是哈斯所营造的友好的合作气氛。

哈斯商学院

至美团队在商学院

至美看美国

商学院的精髓所在

加州大学伯克利分校的工程学院被誉为"世界顶尖工程师的摇篮",绝佳的地理位置,使得伯克利的学子在毕业时大都能够进入硅谷的顶尖科技公司。工学院多年来也一直和斯坦福大学、麻省理工学院位列全美前三。

伯克利的化学专业独立成院,这是在美国顶尖名校中比较特别的。虽然一度传闻为节省开支要撤销化学院,将其并入其他学院中,但学校最终并未做出这一决定,而是保留了它独立的地位。自1868年建校之初,学校便授予化学课程,独立成为一个学院则是在1872年。目前化学院有两个系,分别是化学和化学生物工程。在2016年世界大学学术排名中,伯克利的化学专排与加州理工并列全美第一,化学工程仅次于麻省理工,排名为全美第二。建校至今,光是化学院就走出了13位诺贝尔奖获得者,化学研究的实力可见一斑。

在伯克利的14个学院中,最大的要数文理学院。这个学院分为

五个部门,分别是人文、生物科学、数学&物理科学、自然科学以及本科教育部。在学校的教职人员中,一半以上都隶属于该学院。全校最负盛名的教授都聚集于此,给学生提供各个领域的教育。据统计,该学院走出了16位诺贝尔奖获得者,有7位仍在学校任职;此外,还有3位普利策奖获得者。

说到文理学院,不得不提到伯克利音乐系。几个世纪以来,伯克利的音乐系将学院研究与表演充分结合,培养出了许多优秀的音乐人才。伯克利的音乐系小而精,它不仅拥有独特的新音乐和音频技术中心,供新一代音乐人进行科技与音乐结合的新探索;还有吉恩·格雷·哈格列夫音乐图书馆,给学生提供丰富的学习资源;以及赫兹大厅,让学生有演奏的场所。

音乐系

音乐图书馆

伯克利的信息学院则是 14 个学院中最年轻的专业学院,规模也相对较小,在校研究生仅 120 多名,教职人员不超过 30 名,还有约 350 名线上的学生。目前学院授予两个专业硕士和一个博士学位,分别是:信息管理与信息系统硕士、信息和数据科学硕士以及信息管理与信息系统博士。虽说规模小,但学院的研究地位

信息学院的大楼

Chapter 2 他们在美国

信息学院内景

处于世界前列,所以申请起来竞争也非常激烈。

加州大学伯克利分校的建筑充分凝聚了学术和文化的价值。校园的中心是约翰·嘉伦·霍华德(John Galen Howard)的美艺建筑群(Beaux-Arts ensemble)。楼群面朝金门大桥(Golden Gate),希腊和罗马的古典纹样点缀其间,而早期西班牙教会留下的影响和从内华达山采来的花岗岩又赋予它独特的加利福尼亚风格。作为19世纪末菲比·赫斯特建筑规划(Phoebe Hearst Architectural Plan)国际竞赛的成果,按交叉轴线规划的休憩广场和林间草地分布在草莓溪的两个支流之间。随后在20世纪增加的建设则让校园体现出兼容并蓄的整体风格,装饰派、现代派、后现代派和其他建筑流派百花齐放。这些或人工、或天然的场所,从某种意义上来说,是整个学院遗产的时光宝盒。

提到伯克利的地标性建筑,人们不约而同会说出的答案就是萨瑟塔(Sather Tower)。该塔完成于1914年,是世界上第三高的钟楼。

至美看美国

其创始人也是伯克利环境设计学院的创始人约翰·盖伦·霍华德。在他最初的美术学院派（Beaux-arts style）的校园规划中，该塔标志着校园的次要轴。时至今日，每天在重要的正点时刻塔上便会有人敲钟、奏乐，傍晚时分还可以在塔下看落日余晖倾撒在金门大桥的壮观景象。

从属于加州大学伯克利分校的图书馆共计32个，馆藏量高达1亿，在全美大学中排名第四，仅次于哈佛、耶鲁和伊利诺伊大学-香槟分校。在这些图书馆中，建立于1910年的多伊纪念图书馆为主馆，她得名于其最早的捐赠者查尔斯·富兰克林·多伊（Charles Franklin Doe）。在多伊

王亮老师在萨瑟塔前做报道

多伊纪念图书馆

他们在美国

图书馆东面是班克罗夫特图书馆,那里藏有珍贵的手稿、稀有的书籍和其他研究材料。其他的图书馆遍布于学校各个角落,为学校师生提供丰富的学习和研究资料。

多伊图书馆内景

伯克利校园一角

第十三节　加州大学洛杉矶分校>>

▶▶ 蔡康永的《LA流浪记》描述了他在加州大学洛杉矶分校的戏剧电视电影学院读书的经历。他让我们感受到，洛杉矶的阳光配上好莱坞的星光，和加州大学洛杉矶分校的戏剧电视电影学院相结合，贡献给世界的是无尽的想象和美好。这一本薄薄的小书，引起了很多学生对影视艺术的兴趣和热情。

洛杉矶这个城市，先后经历了印第安人、西班牙人、墨西哥人的权力流转，才归属到美国，正是这样的文化和人群的融合，给洛杉矶带来的是丰富和精彩。而正是这样的融合，也给戏剧电视电影人创造了丰盛的想象空间，让影视艺术充满了张力。

加州大学洛杉矶分校的戏剧电视电影学院的现任院长特里·舒沃茨（Teri Schwarts）对学生们说："你们的任务就是创造未来，我们的任务就是为你们提供环境和资源。"这样的理念如何能不吸引年轻人？

公共管理专业小达人
——访加州大学洛杉矶分校袁一川

吴曼：我们现在所在的地方是加州大学洛杉矶分校的公共事业管理学院，在这里，我们也请到了至美的明星学子袁一川，他现在就读在这个学院里面。先给我们介绍一下你们的学院吧。

袁一川：我们学院有三个专业，分别是公共政策、社会公众、社会福利。这三个都是比较偏向于写实性的，就是数据和政策的分析。学文商科和理工科的学生都可以申请，跨专

吴曼老师采访袁一川

业性比较强。就我们这个专业而言的话，大概有五十多个学生，其中是有五个中国人，只有我一个男生。这是一个非常西化、非常本土、非常多美国学子的一个学院，所以在这边压力会非常大。不仅仅是英语方面，更重要的是思想文化上的明显碰撞。其次就

至美看美国

是作为一个中国人，要在美国研究公共事务的这样一个机构的话，不仅要有技术性，还要有思维前瞻性，包括对整个美国的了解，这是一个非常综合的专业。

吴曼：这个专业的学生找实习的情况怎么样？

袁一川：在美国来说，没有什么事情是那么容易的。无论是你就读什么样的学校，读什么样的专业，机会都不是天上掉下来的，需要看每个人的具体情况。就我们专业来说的话，大概有三个方向的实习。首先是针对于美国本土的学生和非常了解美国的人来说，能够去到公共事业的部门，这是一个非常专业的方向。其次就是像我们国际学生，去的比较多的就是私企，可以从事新政策新媒体的分析，包括数据分析，因为数据分析是我们比较重要的一个技能。第三个就是顾问，对于那些比较优秀的学生来说是一个非常好的选择。

吴曼：那你们这个专业是不是对数学的要求比较高？

袁一川：对，数学还是比较重要的，因为有两到三个月的时间要选有关统计方面的课程，包括计算机方面的知识，所以对数学的要求还是很高的。申请这个专业的时候，对GRE的数学分数要求也是很高的。另外入学的时候也会有一个数学的夏令营，会专门帮你回顾和梳理数学方面的知识。所以希望大家还是增加一下自己数学方面的知识，夯实基础。

加州大学洛杉矶分校简介

加州大学洛杉矶分校（University of California, Los Angeles）成立于1919年，是位于美国加利福尼亚州洛杉矶市的一所公立研究型大学,是美国一流的综合大学。近年来在美国公立大学排名中高居第二名,仅次于加州大学伯克利分校。

学校整体建筑风格以文艺复兴艺术风格为主,被分为南北

美丽的校园景色

两个校园,北校园是艺术、人文、社会科学、法律和经济等学科的中心,南校园则以物理、生物科学、数学和工程技术这类自然科学为重点。其中最古老的四幢建筑是鲍威尔图书馆、罗伊斯礼堂、人文楼和海恩斯馆,他们在加州大学洛杉矶分校的校园里两两相望,成为学校不可替代的美景。

加州大学洛杉矶分校拥有109个科系,3800门课程和125个以上的专业设置,其中商学院、艺术和建筑学院、电影电视学院、工程学院都是加州大学洛杉矶分校的知名院系。

安德森管理学院(Anderson School of Management)强调培养学生的创业能力。学生通过案例研究,学会从如何使人产生投资的兴趣到选择商业地点

至美团队在安德森管理学院

至美看美国

的实施过程,同时,该院学生还能够定期与一些成功的企业家会面交谈。在每年春天,安德森管理学院会举办一些竞赛,参与的学生会为一些知名公司提出发展建议,由公司的投资人评判,优胜者会获得价值不菲的现金奖励。

吴曼老师和袁一川

电影电视学院(School of Theater, Film & Television)在影视教育方面堪称全美首选,与纽约大学和南加州大学两所学校三足鼎立。其下所属动态影像档案中心收藏的影像资料之丰富,仅次于国会图书馆,居全美第二。除此之外,档案中心每个月都会在詹姆斯·布里奇斯剧场举办不同主题的小型影展,该活动已成为洛杉矶影痴不可缺少的文化盛宴。

鲍威尔图书馆(Powell Library)是加州大学洛杉矶分校校园里最主要的图书馆,也是加州大学洛杉矶分校最早的四座建筑之一。图书馆提供古典、权威著作和教材等教学和辅助材料,供大学生们在学习人文、

至美团队在鲍威尔图书馆前合影

他们在美国
Chapter 2

（图片来源于网络）

社科和自然科学时参考。收藏的图书和期刊专为学生的需要而设。加州大学洛杉矶分校图书馆系统位列北美学术研究型图书馆的前十名，收藏有超过 800 万册图书和 7 万个连载期刊。位于鲍威尔图书馆的圆形大厅（Rotunda）全年会举办各种展览、音乐会，以丰富学生的文化生活。

加州大学洛杉矶分校还因其学生在奥林匹克运动会中取得的优异成绩而闻名于世。在历届奥运会上，加州大学洛杉矶分校的学生或校友共赢得了包括 123 枚金牌在内的 233 枚奖牌，金牌数位列全美第 3，仅次于南加州大学和斯坦福大学。

加州大学洛杉矶分校的校训是"Fiat Lux"，英文为"Let there be light"（要有光），以此鼓励每个学生向全世界展现自己，无所畏惧地勇敢挑战自己。学校致力于用开放、乐观的态度去面对和接受每个人不同的思想交流和碰撞。在这片乐观积极的海洋中，学习变得不仅仅只有学习本身。

至美看美国

第十四节　南加州大学>>

▶▶ 南加州大学的校园建设依然在如火如荼地进行中，应该就是从侧面反映了南加州大学的资金充足吧。比方说《星球大战》的导演卢卡斯一笔就捐了1.75亿美元。

走在校园里，从马歇尔商学院到电影学院，从维特比工程学院到建筑学院，每个院系楼都是红砖和现代风格的结合，再配以南加州热烈的阳光，让南加州大学的校园天生就有一种梦幻的感觉。而阳光总是能让人们充满热情，南加州大学的校园工作人员，总是无处不在地给你笑容和帮助。

南加州大学总是被大家吐槽录取发得太容易。可是要知道这是一个学生人数超过四万、校园教师和工作人员超过两万的大型学校。南加州大学也是通过这样庞大的校友资源来运营自己的名望和地位，所以通过招更多优秀的学生来到南加州这个美丽的校园，也是学校的初衷。

南加州的阳光男孩
——访南加州大学崔博闻同学

冯抒恺:介绍一下你自己和你们的生物工程学院吧。

崔博闻:Hello,我的名字叫崔博闻,我的母校是华中农业大学,感谢至美留学帮我录取到南加州大学。我们学院的院楼很漂亮,我们一般都在这里面上课和开会,这里面的环境都挺好的,特别适合中国学子来这边求学。

冯抒恺:那么,你能介绍一下生物工程学院吗? 从学术的角度。

崔博闻接受冯抒恺老师的采访

崔博闻:我们学院研究的方向主要包括:神经工程学,生物系统和生物信号(biosignal)分析,医疗器械和植入,生物成像(bioimaging)和成像信息,系统 cellular-molecular 生物工程。在这里还有国际公认的研究中心:生物医学模拟资源,医学超声换能器技术研究中心,南加州大学

生物医学疗法研究所神经工程中心(NSF,DARPA)和视觉科学和技术中心。所以给我们院3个生物工程类硕士项目和一个博士项目提供了强大的教授资源,也给予我们学生更多的可选择的研究方向。此外,我们学校位于拥有众多生物工程类公司的加州南部区域,所以对于学生找工作实习也给予了很多的便利和机会,这也是我们很多学生非常看重的。

冯抒恺:你最喜欢南加大什么?

崔博闻:说实话,能够录取到南加大我很满足。不论是学习氛围,还是整体校园的环境我都很喜欢,很自由,能让我选择我感兴趣的方向继续学习。此外,我也在额外加强我计算机方面的背景,这样也能够让我今后的就业更具有竞争性。尤其是你一个学生近距离接触那些行业大牛,和他们探讨问题,提出你自己的想法,我觉得这是在国内读研很难达成的。此外,我个人很喜欢这里的气候,少雨,可以说大部分时候都是晴天,让人每天正能量满满。

地球物理专业的女学霸
——访南加州大学秦蕾同学

王亮:现在在南加大感觉怎么样?

秦蕾:我从普渡大学拿到硕士学位后,申请到南加大读地球物理的博士。我非常喜欢南加大,和普渡相比,南

秦蕾和雷鸣老师在南加州大学合影

加大更加丰富多彩一些。感觉加州人民比较热情,见到你都会跟你问好,对你笑笑。普渡就不一样,普渡稍微传统保守一些,不像这里热情开放。

Nick:关于学术方面呢?

秦蕾:国内国外的学术氛围不太一样。国内做的东西感觉稍微简单一些,没有这边那么重视创新思维。在国外,感觉老师和学生之间不是传统意义上的师生关系,老师和学生都比较开放,交流也会比较多。其实有点像合作者,老师给你个题目你自己做,你做不出来可以跟老师沟通商量,老师给你这个题目的时候也不知道会做成什么样子,其实他也很好奇最后能做成怎么样。在做的过程中相互探讨学习,有什么困难老师也会提点你,然后慢慢地一起把课题做好。

另外,这边的时间比较自由,老师不会规定你早上什么时候到,每天严格规定自己要学习多少小时等。所以你要自己合理安排好自己的时间。

我觉得到国外能见识不一样的东西,能有更多不同的想法,所以我觉得在国外来做研究还是有必要的。

走在正义的大道上
——访南加州大学郭莎同学

吴曼:首先和大家介绍一下你自己吧。

郭莎:大家好,我叫郭莎,本科就读于华中师范大学法学院。现在南加州大学,攻读法学硕士学位。

吴曼：现在在南加大这边读书感觉怎么样？

郭莎：说到感受的话，一开始刚过来时，非常不适应语言环境，有很长一段时间不能适应全英文的授课方式，各种阅读都跟不上。后来我就激励自己，就算我做不完所有阅读，我也要努力一把。就大胆地选择了一些其他学生轻易不敢选的课程，就像一些大家觉得只有本土美国人才敢选的课，课程内容也很难，本科基本上都没有接触过，像一些与经济方面相结合的，比如说会计、金融、税法这些。虽然我不能说我学得特别好，但我能保证这都是我感兴趣的，是根据我的心意来选的，所以上课感觉也很开心。

吴曼：从一开始跟不上到后来主动挑战很难的课程，心态上是怎么转变的？

郭莎：就是告诉自己，不要害怕试错。我在这边也有很多中国来的学弟学妹来找我沟通，他们很多都非常紧张，有各种各样的担忧：比如说我想从法学硕士转博士，课程跟不上；比如说英语能力不行，不敢跟本土学生还有教授交流。我就会跟他们说，你要享受你现在的生活，无论是酸甜还是苦辣，不要慌，坚定你的想法，做好充足的准备。

吴曼：你觉得出国这件事情，对你来说最大的收获是什么？

郭莎：我觉得能遇到来自很多国家的不同学生，这也是一种缘分。当你一个人在异乡求学时，能收获几个特别的朋友，当大家各自分开回国后，朋友间还能保持着温暖的联系，这种感觉是特别美妙的。还有就是来到这边之后，视野会变得更加开阔，心态也会更加宽容，每个人都有自己的生活方式和文化观念，大家不会随意去评价别人。所以我也特别感谢至美的老师在当初申请时对

我无微不至的照顾，本科的时候自己比较幼稚，对外面的世界也不了解，但是至美的老师给了我启蒙，帮助我来到南加大这么棒的学校，特别感谢。

南加州大学简介

南加州大学（University of Southern California），成立于 1880 年，位于美国南加州洛杉矶市中心，已有一百多年的历史，是加州及美国西岸最古老的私立大学，也是世界领先的私立综合学术研究型名校之一。南加州大学是一所科研教学水平一流、有着丰富校园文化生活的世界著名大学，其课程水平极受肯定，其中商学院、电影、传播、建筑、医学及理工学院等科系在美国大学中相当知名，在《美国新闻与世界报道》的排名上也位居先列。

南加州大学校门

南加州大学电影艺术学院（USC School of Cinematic Arts，简称 SCA）1929 年由南加州大学和美

至美团队在南加州大学合影

至美看美国

国电影艺术与科学学院共同创建,原名南加州大学电影电视学院（USC School of Cinema-Television）,2006年4月更名为南加州大学电影艺术学院。

因为非常靠近好莱坞,南加州大学校园场景被用于数以千计的电影、电视、广告、MV上,因为拥有着古老的砖造建筑和常春藤学校般

电影艺术学院

电影艺术学院里的捐赠墙,可以看到"Conrad Hall"是由知名导演卢卡斯和斯皮尔伯格赞助的

他们在美国

的造景，对于制片者来说，是一个非常好的校园场景取景地，诸如不少影视中哈佛大学、加州大学伯克利分校的场景均在此拍摄。南加州大学中的大部分建筑为罗马式风格，少数一些建筑像是宿舍、工程学院、物理科学实验室等则是近代建筑风格。

电影学院伴随着好莱坞的电影工业发展，造就了不少电影界的奇才，最著名的校友是《星球大战》系列的导演乔治·卢卡斯和音效大师班·布特、《达芬奇密码》的导演朗·霍华德、《阿甘正传》的导演罗伯特·泽米吉斯、《巧克力工厂》的导演大卫·沃尔普。

南加州大学马歇尔商学院（Marshall School of Business）充分利用好莱坞优势，流行文化氛围浓厚，与明星经纪、电影制片关系紧密，重点培养娱乐界的商务人才MBA。娱乐业管理、企业管理和房地产管理是该院最为著名的三个专业。一些眼光敏锐、善于表达的管理思想家就来自这里。

吴曼老师在马歇尔商学院

马歇尔商学院的大厅

至美看美国

维特比工程学院（Viterbi School of Engineering），旧称"南加大工程学院"（USC School of Engineering），属于美国南加州大学，在安德鲁·维特比（Andrew Viterbi）捐赠5200万美元后更名为维特比工程学院。学院拥有超过1.35亿美元的外来捐赠。据《美国新闻和世界报道》排名，维特比工程学院当前全美排行前列。学院也包含资讯科学研究院（ISI），在世界互联网研发浪潮中扮演着举足轻重的角色，多年来一直是计算机科学重大研究中心。

至美团队和学子在地球科学系合影

南加州大学的洛杉矶纪念体育馆是美国最好也最大的体育馆，它融合了传统与现代的顶级竞技环境。这座雄伟的体育馆于1923

洛杉矶纪念体育馆（图片来源于网络）

他们在美国

年落成,位于占地17英亩的博览公园内,最多能容纳92000个席位。此体育馆是1932年夏季奥林匹克运动会的场馆和1984年奥运会的径赛项目场地。多年来,该体育馆也是许多球队的主场,包括南加州大学橄榄球队、洛杉矶公羊队、袭击者队和道奇队。该体育馆还能举办各式各样的活动,从音乐会、演讲比赛、田径运动会到摩托车比赛。

Tommy Trojan,官方叫作"Trojan Shrine",是一个位于校园正中央的特洛伊战士(Trojan)的铜像,同时也是南加州大学最为著名的地标和非官方吉祥物。铜像是在1930年南加州大学建校50周年的时候建造的,耗资10000美元,当时给铜像提议的名字是"Spirit of Troy",但是这个名字后来给了学校的游行乐队。每到南加州大学对上加州大学洛杉矶分校的足球赛前一周,象征南加大的"Tommy Trojan"铜像会用胶纸包住,避免它像几十年前那样被泼上加州大学洛杉矶分校颜色的油漆。

校园里的特洛伊铜像

第十五节　加州理工学院>>

▶▶ 到底是美剧《生活大爆炸》里面的科技男还是著名的科学家钱学森教授，让今天中国的学生们熟悉了加州理工学院？

《生活大爆炸》的谢尔顿（Shelton），有着典型的加州理工学院的特征：IQ高达187，理论物理学家，十一岁上大学，获得一个硕士学位两个博士学位，相信自己是世界上最聪明和最万能的人。

无论是毕业的校友，还是在校学生，和美国其他一流大学比起来，加州理工学院的人数都是最少的，所以更容易显得是一个特别的存在。在这样一个小众的高智力青年云集的小校园里，孕育出来的都是饱含能量的推动社会进步的科学精英。

坚持自己的研究道路
——访加州理工学院杨李扬同学

王亮：今天我们采访的是清华大学数学系大神杨李扬同学，目前正在加州理工学院攻读数学博士。加州理工学院的应用数学专业非常知名，诞生了非常多的菲尔兹奖获得者。说一下在这里做博士的感受吧。

杨李扬：我觉得从清华到加州理工学院最大的不同就是这边比较自由。这里

杨李扬接受王亮老师的采访

没有一些其他方面的束缚，自己可以选择自己感兴趣的研究方向。这里宽松的氛围让我学得比较开心。

王亮：在这边读博士还有课要上吗？

杨李扬：有课。第一学期要求上一些课，但是第一年考资格考试就可以不用上课了。

王亮：那你这边要修多少个学分和几门课？

杨李扬:具体的学分不是很清楚,课大概是2~3门。

王亮:你有跨专业学哪些课吗?

杨李扬:并没有,我还是对自己本专业的课更感兴趣。

王亮:你们现在是第一年就确定自己的研究课题吗?

杨李扬:我大概是第一年快结束的时候才确定自己的课题的。第一年一般都是打基础,到了第二年才开始做研究。但实际上我们第一年就开始做研究了,这两方面是并行的。

王亮:你现在的老师是美国人?

杨李扬:应该是的,具体的还没定下来。

王亮:大家都知道其实加州理工学院的规模并不算大,相对而言学校的学术氛围会非常的浓厚,是不是学校也会组织特别多的学术性的活动?

杨李扬:我们系的活动非常的多,有时间我也会去参加各种活动。

王亮:你们系有社交方面的活动吗?

杨李扬:其实还挺多的,我们系还有院里面都非常的多。大概一周2~3次不同的活动,自己还是要跟据自己的兴趣来参加。

王亮:你在这边除了科研以外做什么事情?

杨李扬:打篮球啊。

王亮:打篮球应该是美国学生的强项吧?

杨李扬:其实这边学校里面的篮球跟街头的还不一样,街头的可能对抗性会好一些,学校里面还是以社交为主,锻炼身体。

王亮:你对接下来的科研以及未来想要走的方向有没有大致的安排?

杨李扬:有的,过两天我会去加州大学伯克利分校、斯坦福磁共振实验室(Stanford Magnetic Resonance Laboratory)参与一个和我们学校合作的暑期科研。接下来可能还会去加州大学洛杉矶分校里做项目。但是主要还是跟着老师在学校里面做。

王亮:那你现在的研究方向跟国内的还是一致的吗?

杨李扬:大体上还是一致的吧。沿着数论来走,越往下走细分越多。大概方向也是一样的。

王亮:因为加州有一个特点,我们前两天刚刚从加州大学伯克利分校和斯坦福大学过来,很多学理论的同学会往CS方向靠一靠,你自己有这方面的打算吗?

杨李扬:没有啊。我感觉我这个方向用到计算机领域还是比较少的。没有太多交叉也没有太多的了解。

王亮:你对于学术方面的研究很执着,希望你未来科研这一块能够更加的顺利,成为一位理论数学家。

加州理工学院简介

加州理工学院(California Institute of Technology,简称为 Caltech),位于美国加利福尼亚州洛杉矶东北郊的帕萨迪纳市,成立于1891年,是世界著名私立研究型大学。

加州理工学院规模很小,是一个全校学生总数仅2000人左右的袖珍学校。但是,在学院发展史上却走出了35位诺贝尔奖得主,

至美看美国

是世界上诺贝尔奖获奖密度最高的学府。因此,加州理工学院也被公认为是最典型的培养科学精英的大学。

毕业于加州理工学院的著名校友有英特尔公司的创始人

王亮老师和吴曼老师在加州理工学院

戈登·摩尔,登月宇航员哈里森·施密特,中国导弹专家钱学森等。著名物理学家爱因斯坦、费曼、霍金、波尔、密立根、盖尔曼,著名的天文学家哈雷、遗传学的鼻祖摩尔根、火箭专家冯·卡门都曾执教于此。

加州理工学院有物理学、数学与天文科学学院,生物与生物工程学院,化学与化学工程学院,地质学与行星科学学院,工程与应用科学学院,人文与社会科学学院六大学院。最著名的学科是物理和航天航空,其次是化学、生物、数学、天

王亮老师和杨李扬的合影

文学、地质学、地球物理和机械工程等专业。

加州理工学院图书馆系统包括五个分馆,有70多万册藏书,以及丰富的技术报告、政府文献和地图资料。五个分馆分别是密立根图书馆、谢尔曼图书馆、达布尼图书馆、天体物理图书馆和地质行星科学图书馆。其中密立根图书馆和谢尔曼图书馆是最主要的两个。

密立根图书馆:规模最大,是学校的中心图书馆,其馆舍也是全校最高的建筑,图书馆管理、馆际互借、文献传递服务都集中在这里。它主要收藏生物、化学、数学、物理学科的文献资料,以及人文社会科学期刊、政府文献、美国历史和社会科学专著,还收藏缩微资料。

吴曼老师在密立根图书馆

从图书馆顶层俯瞰加州理工学院全景

加州理工学院趣事：

说到学术竞争，加州理工学院和麻省理工学院是美国最顶尖的两大理工科大学，积聚着全世界最有智慧的骇客。麻省理工学院的学生曾开车花了七八个小时，把重达2吨的红衣大炮从加州理工校园内搬到了麻省理工校园，并使炮口指向加州理工学院。好在加州理工学院的学生们又将它搬了回来。

而加州理工学院曾入侵麻省理工学院的电脑系统，使得麻省理工学院一年一度的寻宝竞赛的线索都指向加州理工学院录取部的电话号码，当参赛者打了这个电话后，对方会告诉你已成功地从麻省理工学院转学至加州理工学院。

著名的红衣大炮

重视科学领域发展的加州理工学院并没有多么亮眼的建筑，少了一点文科学院的浪漫与优雅，他们注重的是严肃和实事求是的精神。无论是教授还是学生，对基础研究的热情都远远高于其他大学里的师生，正是靠着师生们的这种热情和天赋，加州理工学院才能获得巨大的成就和学术声誉。

Chapter 2　他们在美国

第十六节　斯坦福大学>>

▶▶ 斯坦福大学,成为了21世纪全球最大的创业孵化器。斯坦福孵化了硅谷,孵化了无数的公司,更孵化了无数的梦想。从惠普到Google,也许我们无法列举近50年所有的大小公司,但是这些公司背后有一条线,那就是斯坦福大学。而这50年来斯坦福大学又在这些公司的推举下,成为了21世纪最闪耀的明星大学,成为了全世界年轻人的梦想之地。

加州的阳光照射在西班牙式的建筑上,棕榈大道笔直地延伸到远方,这样的校园给学生带来的是惬意的享受。比起东部的大学生匆忙的身影,似乎斯坦福的年轻人更放松。也许这种放松也是创造力的温床……

罗丹给斯坦福增加的不仅是艺术的气质,更增加了人气,让斯坦福又增加了一个成为旅游地的理由。斯坦福是巴黎以外收藏罗丹雕塑最多的地方,斯坦福艺术中心的《地狱之门》《吻》,纪念堂门口的《加莱义民》……静静地等待着欣赏他们的人,一直到地老天荒。

筑梦者
——访斯坦福大学曹云(化名)同学

朱迪：在斯坦福学习最大的感受是什么？

曹云：机会很多，但关键是如何把握每一次机会，该把握哪个机会。因为人的精力有限，该把握哪个机会才是一门功课。于是逼着你去想你最想做什么，你适合做什么，在这两个问题你如何平衡。

朱迪：你觉得学习上和国内有什么不同？

曹云：学习的内容很自由，学习的知识很前沿。注重知识理解应用，而不是知识的套用。学习发现问题，然后解决问题。学会跨学科知识的结合。除了知识层面上，更多就是思想层面上的。

朱迪：斯坦福这个学校的学生就业情况如何？

曹云：因专业不同而不同。IT，金融这些专业就业不愁。建筑设计专业，国内和国外都还是比较认可斯坦福的文凭。

斯坦福大学简介

把历史的时针回拨一百多年，镜头拉到美国西部加利福利亚州的一片荒蛮之地。这天是1891年10月1日，一所后来闻名全球的高校在这里举行了开学典礼。这天之前，媒体们纷纷以看戏的目光评价没有人会选择到荒郊野岭来上学，事实上当天就有500多个学生前去报道，为这片荒凉闭塞之地带去了活力朝气。从学校揭幕这天起，荒蛮之地开始发生改变。这个学校就是小利兰•斯

他们在美国

坦福大学(Leland Stanford Junior University),人们简称它为斯坦福大学(Stanford University)。

斯坦福大学的建立和许多高校有所不同,它的成校初衷,是一个充满着爱与泪的故事。建立这所大学的利兰·斯坦福(Amasa Leland Stanford,时任加州州长及参议员)和他的夫人简·莱思罗普·斯坦福(Jane Lathrop Stanford)为纪念他们一同旅行时不幸逝世的小儿子小利兰·斯坦福(Leland, Junior.),回到家乡以孩子的名字命名建立了这所大学。成校之初,利兰·斯坦福对夫人说"以后加利福尼亚州的小孩都是我们的孩子"。时光飞逝,利兰·斯坦福当初对夫人说的话已然成为现实,现如今不仅是加州、美国,全世界的莘莘学子都希望能"成为"斯坦福大学的小孩。

斯坦福大学的成长并不是一帆风顺,尽管开学之初有不少学生前往,但在利兰·斯坦福逝世之后,他的财产被冻结,斯坦福大学一度面临停校的危机。斯坦福夫人并没有停办学校,为了斯坦福大学她竭尽全力运转。六年后冻结

采访斯坦福大学学生

资金解除之后,斯坦福夫人向校董会捐献了1100万美元,这才使斯坦福大学的危机平安度过。正是由于最初创建者的爱与责任,铸造了斯坦福大学有血肉的灵魂和后来的腾飞。

斯坦福大学的转折点出现在工程学院院长弗雷德·特曼(Frederick Emmons Terman)提出的一个构想。由于斯坦福大学地广人稀,特曼建议把一部分土地象征性地出租给工商业界或该校毕业生创办公司,这些公司给斯坦福大学提供相应的实习岗位和项目研究。斯坦福大学成为美国首家在校园开设工业园区的高校,这一类似孵化器的举措,使得许多后来的雄鹰在这里茁壮成长,形成了精英云集的"硅谷"。斯坦福大学被高新产业和科技集团所包围,也帮助学校顺利腾飞。就像斯坦福大学的校训写的"自由之风劲吹"。

从学生人数来看,斯坦福大学是一所中等规模的学校,目前学生人数约为16000人,教职人员约为2200人。斯坦福设有7个研究生学院,分别是:商学院、地球能源与环境科学学院、教育学院、工程学院、人文科学学院、法学院和医学院。大部分本科学位由人文科学学院授予。

斯坦福大学在国内外大学排名中都位居前列,在最新2017年8月《福布斯》公布的美国大学排行榜排名第二。商学院经常和哈佛大学商学院并列第一,医学院在医疗、科研及教学等领域都处于世界领先地位。计算机科学、数学、生命科学、医生、商学等学科领域都拥有世界级的学术影响力。

地球、能源与环境科学学院最后一次更名于2015年,取这个名字是为了体现出该学院研究和教学的广度。在斯坦福成立之初,地

球科学就是学校的核心学术项目之一。学科第一位教授约翰·卡斯帕·布兰纳（John Casper Branner）后来成为大学第二任校长，他还捐赠出自己私人的有5000册藏书的地理图书馆，这大大促进了学院的发展。时至今日，斯坦福大学的地球科学家致力于更好地理解我们这个星球的历史和未来、地质灾害、气候变化以及支持社会发展的能源和资源。

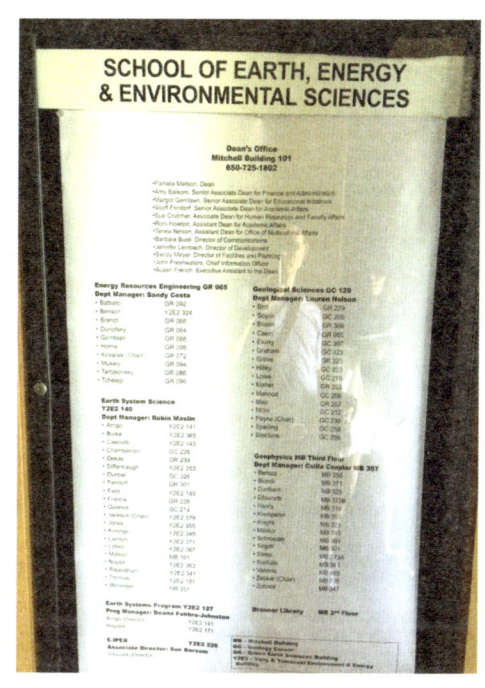

地球、能源与环境科学学院

斯坦福商学院（Stanford Graduate School of Business，以下简称GSB）成立于1925年，当时还未成为总统的斯坦福校友赫伯特·胡佛（Herbert Hoover）与其他已成为杰出商业领袖的校友一起，为了扭转学生都去东部学商科并且一去不返的局面，在斯坦福成立商学院。在2017《美国新闻与世界报道》上，GSB排名第四，《福布斯》排名第一，《金融时报》排名第二，《经济学人》上排名第五。除了打造商界精英的MBA项目，以及培养高级教研人员的博士项目以外，GSB还开设主要针对有经验的领导者的MSx项目，该项目主修课涉及领域非常广，但选课非常自由，有50%以上的课程

可以自己搭配。聚美优品创始人陈欧于26岁拿到斯坦福MBA学位，回国后便开始创业，他的"我为自己代言"一度掀起了"陈欧体"的热潮。

1893年，也就是建校仅两年的时间，斯坦福就开始授予法律的课程，当时仅有两位教授。加州从1919年开始便要求所有从业的律师通过加利福利亚司法考试，斯坦福法学院是出题的主力。1924年，斯坦福法学院要求申请者必须具备本科学位，这也标志着法学院正式变成现代的研究学院。作为全球最顶尖的法学院之一，斯坦福法学院每年平均收到来自世界各地的申请约3800份，为了争取仅有的180个名额。两个世纪以来，斯坦福法学院为美国和全世界输送了大量法律人才。第一位女性美国最高法院法官桑德拉·戴·奥康纳(Sandra Day O'Connor)就是从这里毕业。

斯坦福工程学院正式成立于1925年，而工学课程则是建校之初就有的。在1891年的15位教职人员中，有5位是工学教授；559名学生中，有141位是专攻工学的。在近百年的发展历程中，斯坦福的工程师们开启了无数科技的创新，引领了加州科技产业的发展，并推动了成千上万优秀企业的建立。

像所有伟大的学院一样，斯坦福工程学院致力于解决人类当前以及即将面临的重大问题。在全面的调研以后，工学院提出这样十个重大挑战：

1. 如何让人与工程系统更好地协作？（How do we create synergy between humans and engineered systems?）

2. 在工程生命物质上，我们能达到怎样的高度？（How good can we get at engineering living matter?）

3. 我们如何保障信息安全？（How do we secure everything?）

4. 我们如何给人类提供足够的能量，同时又不引起气候变化？（How do we provide humanity with the affordable energy it needs and stabilize the climate?）

5. 我们如何驱动未来工程系统的自治？（How can we use autonomy to enable future engineering systems?）

6. 我们如何持续保持信息科技表现呈指数的增长？（How do we sustain the exponential increase in information technology performance?）

7. 从微观到宏观的角度，我们应当如何驾驭工程设计？（How can we engineer matter from atomic to macro scales?）

8. 工程如何保证未来城市居民的生活可以欣欣向荣？（How can engineering ensure that humanity flourishes in thecities of the future?）

9. 我们如何能设计出有效并且人们普遍负担得起的医疗保健体系？（How do we engineer effective yet affordable healthcare everywhere?）

10. 我们如何利用我们再计算和数据分析方面的优势来促进全校创新？（How can we use our strength in computation and data analysis? to drive innovation throughout the university?）

资金雄厚、经费充足，再配上强大的人才库，斯坦福大学在科学研究上取得极大的成就，拥有数以百计的研究单位。SLAC 国家加速器实验室，第 31 届美国总统赫伯特·胡佛（Herbert Clark Hoover）于 1919 年建立的胡佛战争、革命及和平学院都隶属于斯坦

至美看美国

机械工程系接待处

福大学。

在斯坦福大学的中心位置有一栋美丽的建筑,它就是斯坦福纪念教堂。是斯坦福夫人为了纪念她的先生所建,爱赋予了这座绝美的教堂更深层次的意义,

至美团队在纪念堂前的草坪,后面是胡佛塔

所以直到今天这个教堂还在迎接无数的新人,见证他们一起携手走进婚姻的殿堂。

斯坦福大学充分利用了学校广阔的地域面积,设有30个图书馆,并且全部电脑化管理。并且为学子提供了可容纳85000人的体育馆、高尔夫球场和游泳池等娱乐设施。

他们在美国

斯坦福大学图书馆作为全球最大及最多元化的学术图书库之一，拥有900万册书刊、26万册稀有书籍、150万电子书档案、150万视听材料、600万微缩胶片存档及过千个其他电子文档，让学子可以尽情畅游多元知识的海洋。

至美团队在纪念教堂前

斯坦福大学的西班牙风情长廊

至美看美国

第十七节　乔治城大学>>

▶▶ 乔治城大学和华盛顿特区，交融共生，乔治城大学为华盛顿特区供应优秀人才，华盛顿特区为乔治城大学的学生提供机会。克林顿从阿肯萨斯州来到华盛顿特区就读乔治城大学，当时他有设想自己有一天会成为美国的总统吗？环境和个人之间，永远都是互相影响，互相促进，直到那个人走向生命的辉煌！

乔治城大学简介

乔治城大学（Georgetown University）创建于1789年，是首都华盛顿哥伦比亚特区声誉最高的综合性私立大学。大学主校区位于华盛顿特区的市中心，临近白宫，依傍风景如画的波多马克河。

乔治城大学是美国最古老的大学之一，1789年，乔治城村庄的60英亩土地被购买用于大学建设，1792年，乔治城大学正式开始授课，1817年，乔治城大学授予了它的前两个学士学位。发展至今，乔治城大学已经成长为一所顶尖国际研究型大学，学生人数超过12000名，拥有5个授课校区。在2017年《美

王茜老师在乔治城大学

国新闻与世界报道》美国大学综合排名中，乔治城大学名列20位。

乔治城大学拥有麦克多诺商学院（McDonough School of Business）、沃尔什外交学院（Walsh School of Foreign Service，简称SFS）、麦考特公共政策学院（McCourt School of Public Policy）等数个学院。沃尔什外交学院的国际关系专业是全美最佳专业之一，政治学、公共政策、历史学等专业在全美也享有很高声望，遥遥领先于其他名校。许多外国使节的子女都来此念书，乔治城大学也因此有了"政客乐园"的美誉。

沃尔什外交学院是一所一流的国际事务学院。沃尔什外交学院

至美看美国

创建于1919年,它的创建是为了充分利用乔治城大学的地理位置资源,推动世界政治与世界贸易的进步。1924年,学院使用外交服务(Foreign Service)作为名字。一个世纪以来,沃尔什外交学院致力发展商业、金融、领事、外交等众多国际事务领域,其研究生项目为世界顶尖。

乔治城大学教学楼

麦考特公共政策学院旨在培养杰出的设计、分析与实施公共政策的人才,并输送进世界各地的公共、私人和非盈利机构。麦考特公共政策学院的公共政策硕士(Master in Public Policy)专业最为顶尖,除此之外,国际发展政策、政策管理、政策领导等课程也位居全美一流。

他们在美国
Chapter 2

麦克多诺商学院是全美最为顶尖的商学院之一。常年在各大权威大学排名中位列全美前20。尽管从发展历史上看,麦克多诺商学院在世界顶级商学院中还十分年轻,但它凭借其雄厚的先天优势、强大的教学资源、优秀的生源素质与不断完善的教学体系,仍能够跻身进世界顶尖商学院的前列。麦克多诺商

教学楼内的橱窗陈列

学院在国际经济、国际贸易、国际商务关系等研究领域均享有世界级声誉,有培养政治家、外交家、国际商业领袖的摇篮之称。

值得一提的是,乔治城大学还是著名的爱国者联盟盟校之一。该联盟由麻省理工学院、福特汉姆大学、波士顿大学等精英学府组成,这些学府的共同特点是规模小和高度精英化,并有着很高的学术声誉与影响力。

乔治城大学的著名建筑之一是被收录在《美国国家史迹名录》(*National Historic Landmark*)中的希利厅(Healy Hall)。该建筑由乔治城大学第二十九任校长帕特里克·弗朗西斯·希利(Patrick

标志性建筑希利厅

Francis Healy)主持修建,使用他的名字命名,代表了乔治城大学对他卓越贡献的深深纪念。

第十八节　乔治华盛顿大学 >>

▶▶ 1821年，美国第五任总统詹姆斯·门罗（James Monroe）签署国会法案，一所全国性的高等学府在哥伦比亚特区拔地而起，这就是乔治·华盛顿大学。建立一所权威的全国性高等学府，为美国各地的年轻人提供优质文理科教育，一直是美国国父乔治·华盛顿的心愿，为此，他专门留下股票作为学校的创立基金。1904年，学校正式改名为乔治华盛顿大学，以纪念乔治·华盛顿的伟大功勋与他为学校创办所付出的心血与贡献。

经过近200年的不断发展，乔治华盛顿大学已成长为世界著名的顶尖学府。

乔治华盛顿大学简介

乔治华盛顿大学（The George Washington University），是美国著名的综合研究型大学。乔治华盛顿大学地处美国政治中心华盛顿哥伦比亚特区，白宫、美国国务院等美国重要政府机构与它比邻，

世界银行、国际货币基金组织等知名国际机构伴其左右,地理位置绝佳,社会资源优渥。

乔治华盛顿大学有三个校区:雾谷校区、弗吉尼亚校区、弗农山校区,拥有来自世界130多个国家的26000多名学生,学生组织超过450个。作为一所综合型学府,乔治华盛顿大学在商学、教育学等领域均有较高学术成就,它拥有哥伦比亚文理学院(Columbian College of Arts & Sciences)、艾略特国际事务学院(Elliott School of International Affairs)、工程与应用科学学院(School of Engineering & Applied Science)等数所学院,现任院长中还有多人担任着美国知名机构要职,包括美国大西洋理事会、美国国家医学管理委员会等等。

哥伦比亚文理学院创建于1821年,与乔治华盛顿大学一同诞生,是该校规模最大历史最古老的学院。1888年,哥伦比亚文理学院获得了博士学位的授予资格,这也使得它成为美国最早能够授予博士学位的学院之一。如今,哥伦比亚文理学院在艺术、人文、社会科学与自然科学等领域不断开拓,并以学术多样性而举世闻名。凭借乔治华盛顿大学的地理与社会资源优势,哥伦比亚文理学院还能与众多世界知名机构、实验室、博物馆等开展大力合作,包括美国国立卫生研究院(NIH)、美国国家航空航天局(NASA)、美国能源部(DOE)等等。截至目前,哥伦比亚文理学院已建立42个学术部门与27个研究中心,研究项目多达95项以上。

艾略特国际事务学院成立于1898年,是美国最为知名的国际事务学院之一。乔治华盛顿大学的地理优势,使得艾略特国际事务学院鲜明地区别于其他名校。在艾略特国际事务学院学习,

相当于求师于来自世界各地的知名外交官、记者、政府人员、专家与商界人士。每一年，艾略特国际事务学院都会举办300多个学术活动，对全球问题、国际政策等领域进行深入而广泛的探究。艾略特国际事务学院提供的研究项目有亚洲研究（Asian Studies）、国际发展研究（International Development Studies）、安全政策研究（Security Policy Studies）等等。

工程与应用科学学院，简称SEAS，创建于1884年，是华盛顿中心地区唯一的一所工程与应用科学学院，是美国国家科学基金会高性能可重构计算中心（the National Science Foundation's Center for High-Performance Reconfigurable Computing）创始成员之一，也是历史上第一所在工程领域招收女性学生的学院。站在科学探索的前沿，工程与应用科学学院在土木和环境工程、计算机工程、系统工程、航空航天工程等领域都开展了丰富的研究项目，所有专业都提供包含学士、硕士和博士的学术学位以及职业学位和专

工程学院大楼（图片来源于学校官网）

业认证。

依傍波多马克河,毗邻华盛顿环岛,乔治华盛顿大学校外环境优美,校园景色宜人,被称为"宿舍像宫殿一样的学校"。走在校园中,别具风格的建筑与栩栩如生的雕像总能吸引大家的眼球。

被列入哥伦比亚特区历史遗迹名录的曼森厅

乔治·华盛顿雕像

乔治华盛顿大学吉祥物——河马

第十九节　约翰霍普金斯大学>>

▶▶ 1876年2月22日,吉尔曼成为了约翰霍普金斯大学的第一任校长。1876年是美国独立100周年,而2月22日是美国的第一任总统华盛顿的生辰。这样一个有纪念意义的日子,奠定了约翰霍普金斯大学会成为一所与众不同的大学。

吉尔曼从德国留学回来,把德国的研究型大学模式引进美国,建立了美国第一所研究型大学。而同一时代的怀特作为康奈尔大学的第一任校长,也将康奈尔大学朝向研究型大学创建;而哈佛大学历史上最伟大的校长艾略特在自己长达40年的任期上,将哈佛大学从一个学院改造成为了世界顶级的研究型大学。19世纪60年代开始,正是这些大师级教育家,互相鼓励,互相讨论,一起为美国高等教育的现代化做出了不可磨灭的贡献。

至美看美国

约翰霍普金斯大学简介

约翰霍普金斯大学（The Johns Hopkins University，简称 Hopkins 或 JHU），坐落于美国马里兰州巴尔的摩市，是世界顶尖的私立研究型大学，也是北美高水平大学联盟——美国大学协会[1]（Association of American Universities）的14所创始学校之一。

吉尔曼（来源于约翰霍普金斯大学官网）

约翰霍普金斯大学创立于1876年，是美国第一所研究型大学。它的创建，得益于银行家约翰·霍普金斯（Johns Hopkins）先生1873年留下的700万美元巨额捐赠，这在当时是美国历史上金额最大的一笔捐赠。这笔捐赠用于在巴尔的摩建立一所医院、一所大学和一所孤儿院。1876年2月，首任校长吉尔曼正式就职，并将以柏林洪堡大学为代表的德国大学教育模式带到了约翰霍普金斯大学。雄厚的资金基础，领导者吉尔曼先进的教育理念，美国工业革命下高速发展的社会环境，这一切都决定了约翰霍普金斯大学的高起点，并推动着它向前发展，很快便成长为美国顶尖的高等学府之一。

约翰霍普金斯大学拥有医学院（School of Medicine）、布隆伯格公共卫生学院（Bloomberg School of Public Health）、怀廷工程学院（Whiting School of Engineering）、凯瑞商学院（Carey Business

School)等 10 个学术部门(含 9 个学院和 1 个应用物理实验室)，其医学、公共卫生、工程、教育学、音乐等专业均位居全美顶尖，在世界享有盛名。据官方数据统计，目前学校学生总人数约为 24000 名(含全日制和非全日制)。截至目前，这所学校共走出了 36 位诺贝尔奖获得者。

谈到约翰霍普金斯大学，人们总会想起它的医学院。约翰霍普金斯大学医学院成立于 1893 年，晚于约翰霍普金斯医院四年。在 19 世纪末，美国的医学教育一片混乱，大部分的医学院规模小、水平低。而在约翰·霍普金斯先生一半遗产基础上创建的约翰霍普金斯医院，为约翰霍普金斯大学医学院的发展提供了良好的教育、研究与临床基础。成立初，医学院就建立了严格的入学要求，大幅提高课程设置标准，将临床教学与实验室研究纳入教学的一部分，等等举措，推动美国医学教育走进新时代。

一百多年以来，约翰霍普金斯大学医学院一直引领着世界医学的迈进，它创造了许多第一：美国第一所招收女性学生的医学院、

医学院

第一所在手术中使用橡胶手套的学院、第一所研制与发展肾透析与心肺复苏术技术的学院。它还是许多医学专业的诞生地,包括神经外科、泌尿学、内分泌学和儿科等等。

如今,约翰霍普金斯大学医学院的教职人员超过4000名(含全职人员超过2800名,兼职人员超过1200名),医学生和博士生超过1200名。除了促进当地与美国的医学进步外,约翰霍普金斯大学医学院还积极投身多项国际性投资项目,为全球范围内的医疗卫生组织提供咨询与帮助,不断为人类创造更加健康的未来。

布隆伯格公共卫生学院创建于1916年,由洛克菲勒基金会出资建立,最初被叫作"公共健康与卫生学院"。2001年,为了表彰迈克尔·布隆伯格(Michael Bloomberg)对学校公共卫生领域做出的财政支持,学院改名为"布隆伯格公共卫生学院"。

布隆伯格公共卫生学院以"保护健康,拯救生命"为追求,一个世纪以来,始终致力于建设公共卫生项目,并在当地、美国乃至全球范围内开展合作,成为全世界公共卫生领域规模最大、历史最悠久的学院之一。如今,布隆伯格公共卫生学院拥有来自世界76个国家的2200多名学生,研究项目遍布全球130多个国家,整体预算高达5亿美元以上,被称为公共卫生领域的哈佛商学院。

怀廷工程学院在马里兰州立法机构的拨款支持下成立,在发展历史中,曾被学校并入文理学院。1979年,约翰霍普金斯大学重新恢复工程学院,学院再度快速发展起来。如今,怀廷工程学院拥有9个学术部门与19个全日制学位项目,其中生物医疗工程专业最为突出与知名,处于全美顶尖地位。除此之外,环境与环境卫生工程、语音和语言处理、医学图像处理等专业也在全美遥遥

领先。从该院走出的知名校友包括彭博新闻社创始人、前任纽约市市长迈克尔·布隆伯格(Michael Bloomberg),美国自由媒体集团总裁约翰·马龙(John Malone)等人。

皮博迪音乐学院(Peabody Institute)建立于1857年,其命名源于美国著名金融家乔治·皮博迪(George Peabody)的慷慨捐助。150多年来,皮博迪音乐学院秉承培养世界上最好的音乐家的教育目标,培养出了无数杰出指挥、作曲家与音乐教师,成为美国历史上最悠久也是最为知名的音乐学院之一。该院设置作曲、指挥、音乐教育、弦乐器、声乐等众多专业,约翰霍普金斯大学里所有对音乐感兴趣的学生都可以在皮博迪音乐学院自由选课。

除了众多知名专业外,图书馆也是使皮博迪音乐学院享有盛名的原因之一。皮博迪音乐学院图书馆被誉为世界上最美的十大图书馆之一,精美的浮雕、辉煌的楼阁,走在皮博迪音乐学院图书馆,宛如走在古典童话中。

除皮博迪音乐学院图书馆外,约翰霍普金斯大学还拥有谢里登图

皮博迪音乐学院图书馆(图片来源于网络)

书馆、布隆伯格公共卫生学院图书馆、应用物理实验室图书馆等十几所图书馆,藏书共计320多万册。

应用物理实验室(Applied Physics Laboratory),简称APL,是全美最大的大学附属研究中心。该实验室承接美国国防部和航天局的众多重量工程,在导弹防御、潜艇技术和空间科学等领域做出突出贡献,开拓出许多世界新兴技术和概念,推进全球太空前沿事业的发展。如今,约翰霍普金斯大学应用物理实验室拥有职员6000多人(其中77%以上是专业人员),参与项目600多个,每年的科研经费高达10亿多美元。

注:

[1]美国大学协会是由美国和加拿大的主要研究型大学(60个美国大学和2所加拿大大学)组成的一流大学群体,以提升大学的教育和研究水平为宗旨。该协会成立于1900年,创始大学有14所,分别是:哥伦比亚大学、康奈尔大学、哈佛大学、耶鲁大学、约翰霍普金斯大学、普林斯顿大学、斯坦福大学、加州大学伯克利分校、芝加哥大学、密歇根大学、宾夕法尼亚大学、威斯康星大学麦迪逊分校、美国天主教大学、克拉克大学。

第二十节 康奈尔大学>>

▶ 1862年美国出台《莫里尔法案》，就是有名的赠地法案，在美国全国掀起一次大学建设的浪潮，创建了一批以农工为特色的赠地学院。康奈尔大学成为了这次浪潮的弄潮儿。这也是为什么康奈尔大学选址在伊萨卡这个小城，也因此康奈尔大学的农业相关的专业都是很好的。

清华大学校长梅贻琦在就职演讲中提出"所谓大学者，非谓有大楼之谓也，有大师之谓也"。首任校长安德鲁·迪克森·怀特（Andrew Dickson White）先生，与哈佛大学校长查尔斯·威廉·艾略特（Charles William Eliot）以及霍普金斯大学第一任校长丹尼尔·吉尔曼（Daniel Gilman）被后人并列为19世纪末美国最伟大的三位大学校长。吉尔曼和怀特为美国创建了新式研究型大学的范本，对美国高等教育产生了深远的影响。而哈佛大学艾略特则将哈佛大学从一个学院改造成为了一所大学，让哈佛大学在这一百多年里面成为了世界高等教育的典范。

至美看美国

康奈尔大学简介

在久负盛誉的常春藤联盟高校里,有一个后起之秀,它以冉冉升起的姿态一举成为当时美国高校的新生力量,当时全美高校规模之最。它的校色是热情鲜艳的大红色,似乎所有人的青春都能在这里尽情燃烧。这就是康奈尔大学(Cornell University)——常春藤联盟里唯一一个美国独立战争之后创建的高校。

校名石碑

人间美事,不过就在高山流水遇知音。康奈尔大学成立背后也有着这样一段佳话。康奈尔大学是由埃兹拉·康奈尔(Ezra Cornell)和安德鲁·迪克森·怀特(Andrew Dickson White)合作创办于1865年,以最大捐资者康奈尔命名。康奈尔年轻时是个木匠,靠着勤奋自学技术发家致富,成为了农场主、当地首富并任纽约州的农业主管。康奈尔功成名就之时,回望自己的成功之路,他迫切地希望能在农工教育事业领域有所建树,帮助更多的学生专业

校园美景

地学习到相关知识。恰逢在同一参议院工作的怀特,时任参议文教委员会主席主管纽约州的高校创建工作。两人一拍即合,成立了独具特色的康奈尔大学。

校园一角

也许正是康奈尔大学成立背后充满着人与人之间互相懂得、彼此认可的缘故,康奈尔大学的立校之本也处处体现着人文关怀。即任何人都有享受教育的平等权利,男女同校、性别平等,不计身份、不分信仰和种族,以创办学科齐全、包罗万象的新型大学为宗旨。如同康奈尔大学的校训所言"我要建立一所大学以使所有的人可以学到任何他想学的学科(I would found an institution where

any person can find instruction in any study）。"和其他学校充满哲理的校训不同,这条校训就出自于创始人康奈尔写给第一任校长的书信中。如此"接地气"的校训让人不得不感叹,康奈尔大学的方方面面都十分贴近人群,以人为本。

康奈尔大学被称为全美历史上第一所全民大学。在美国率先实行了学生选课制度,包罗万象的办学理念让康奈尔大学在一百多年的发展历程里不断兼收并蓄,形成了今天这种应有尽有的办学规模,课程开设高达4000多门的壮观景象。

截至2017年,康奈尔大学共有45位师生和科研人员获得诺贝尔奖。除了在学术上的研究,康奈尔大学的校友在全球造富榜上也位居前列。

受创始人的影响,康奈尔大学以农业学院而起家。随之发展起许多当时来看十分"新型"的学院,比如全美首创的酒店管理学院、工业与劳工关系学院。因此农业、兽医、工科、劳工关系、建筑、文理、教育、传媒、应用经济、酒店管理等相关学科一直为该校誉满全球的传统强项。值得注意的是,康奈尔大学也是美国最早开设东亚语言研究专业的大学,并且是全美首个开设中文课程的学校。康奈尔大学以它以人为本的世界眼光,搭建了美国通往中国最早的"汉语桥"。

发展到今天,康奈尔大学共有1600多名教授为将近22000名学生提供100多个学科领域的教学和研究指导。学校设有14个学院,分别是:农业与生命科学学院、建筑&艺术与设计学院、文理学院、约翰逊管理学院、工程学院、研究生院、酒店管理学院、人类生态学学院、工业和劳动关系学院、法学院、医学院、药学院、

科技学院和兽医学院。

康奈尔大学酒店管理学院创立于 1922 年,康奈尔大学也成为美国高校里第一个将酒店管理学脱离出来单独成立学院的大学。这奠定了它此后在世界酒店管理界的重要地位,学院的教学实力在全美高校排名领先,吸引了众多优秀的酒店业教职和研究人员,为全球最大的服务产业输送了一代又一代的管理人才。

酒店管理学院

康奈尔大学图书馆是美国大学中最早允许本科生借阅书籍的图书馆,也是现在美国最大的学术研究图书馆之一。除了基本的图书,还有缩微胶卷、电子化档案和语音记录等资料。不设门槛的制度最大程度上帮助着想要遨游知识海洋的学子。

奥林图书馆

康奈尔大学的博物馆蜚声世界,出自华裔建筑大师贝聿铭的杰

出代表作。耗资 3500 万美元的国家电脑中心令莘莘学子在学术殿堂里尽情遨游。此外，多个国家研究中心也在康奈尔大学校园安家，包括高能同步加速器研究中心、弗洛伊德·纽曼核研究实验室、国家天文学和电离层研究中心，国家纤细结构研究中心、美国农业部植物与土壤研究所等，只要你来到康奈尔大学你就会发现三百六十行，行行显光芒。同时值得一提的是，在这里你完全不用担心吃不好，康奈尔大学近年校园餐饮服务多次被评为全美院校最佳。

Chapter 2 他们在美国

第二十一节　芝加哥大学>>

>> 芝加哥大学的学派，从20世纪末就形成对世界的影响力。芝加哥学派包括芝加哥经济学派、芝加哥社会学派、芝加哥建筑学派、芝加哥传播学派、芝加哥数学分析学派、芝加哥气象学派等等。其中最著名的当属芝加哥经济学派和芝加哥社会学派。

> 芝加哥大学这样的学术氛围来自于第一任校长哈珀和第五任校长哈钦斯，他们的努力让芝加哥大学集聚了学术大师，也让五大湖边这个美丽的工业城市同时成为了学术重地。

芝加哥大学博士亲体验
——访芝加哥大学陈玉玺同学

郭芳：给大家介绍一下你所在的芝加哥大学吧！

陈玉玺：首先芝加哥大学是一所很漂亮的学校，也是一个学术氛围很浓厚的学校，很多项目都偏科研型，我的计算机项目也是。

郭芳：你在学校读博士项目最大的收获是什么？

陈玉玺：最大的收获是我找到了与科研方向很契合的教授，每周我们会通过周一的组会来探讨本周的科研目标方向，教授会给予我指导，更多是引导，让我自己去找寻解决的方案，这给予了我很多科研创新的空间。很多时候看起来可能只是小的改变，或者看起来不太起眼的建议，却能够得到教授的鼓励，这是我在国内很少能够获得的，自我探索科研的过程也让我很有成就感。

郭芳：平时参加哪些课外活动？

陈玉玺：博士生参加活动会比本科生少一些，但是我们和其他几个项目组会常常有聚会，还会认识一些业界的大牛，可以膜拜。学习的过程中，也能够了解很多我们这个方向在今后就业中能够面临的一些情况，让我对今后就业也有更清晰的一个目标。

郭芳：刚刚说到就业，你对未来的职业发展有什么想法呢？

陈玉玺：可能之后会去尝试一下大公司的运算维护工程师，研发工程师，比如Google、微软、甲骨文之类的吧。

芝加哥大学简介

一只凤凰从火中展翅飞翔，这是芝加哥大学（The University of Chicago）校徽上映刻的图案。历史上的芝加哥险些毁于一场大火，而后政府重建了整个城市。凤凰涅槃，浴血重生。从此这也成为芝加哥的城市精神，在这片热土上建立起的芝加哥大学也浸染着这里坚韧的血液。

芝加哥大学成立于1890年。这得益于石油大亨约翰·洛克菲勒（John D. Rockefeller）的远见卓识，他想在中部发展起一座能与哈

佛、耶鲁并肩的大学,并且慧眼识珠选择了著名教育家威廉·哈珀(Willian R. Harper)作为筹备芝加哥大学的助手。后来此人也因为出色的工作能力成为了芝加哥大学的首任校长。

威廉·哈珀拥有高涨的办学热情,并且是一位极具感染力的公共演说者。他不仅学识丰富,还非常具有商业头脑。他将教职人员和学生的标准都设置得很高,同时给教员的工资也高于一般学校的老师,此举吸引了各个领域最优秀的学者来到芝加哥大学。

洛克菲勒礼堂

有了众多优秀教研人员的基础,芝加哥大学从成立之初就树立了自己鲜明的办学特色,不对其他大学亦步亦趋。哈珀受近代教育史上著名的"洪堡精神"(崇尚教学研究合一)的影响,结合美国的人文学科大学与德国的研究性大学的优势办学,奠定了芝加哥大学最终在美国教育史上独特的重要地位。兼收并蓄的环境下,芝加哥大学以开放的精神培养着学子,注重学生的独立思考精神和批判性思维,鼓励与众不同的思维方式和观点,因而培养出了89位诺贝尔奖获得者。

芝加哥大学下设本科学院、5个研究生学术部门(生物科学部、人

文部、社会科学部、自然科学部、分子工程研究所)、7个研究生院(商学院、法学院、神学院、医学院、社会服务管理学院、公共政策学院、继续教育学院)和3个相关的学术机构(实验学校、芝加哥特许学校和暑期学校)。在研究生院中,商学院、法学院、医学院尤为著名。目前学校本科生约有6000名,研究生约有9400名,全职教职人员2350名。

芝加哥大学商学院是首个授予博士学位和开设EMBA课程的商学院、首个产生诺贝尔奖获得者的商学院(拥有7位诺贝尔奖得主),该院于2008年改名为芝加哥大学布斯商学院(University of Chicago Booth School of Business),用于纪念芝大商学院校友大卫·布斯(David Booth)在当时捐赠了3亿美元。

布斯商学院

芝加哥大学法学院是创始人约翰·洛克菲勒于1902年创建,一直是美国最富盛誉的法学院之一。芝大法学院对于社会科学在法学中的运用起到了重要的推动作用,尤其以法律经济学研究中心而著称,是行为主义政治学和法律经济学的诞生地和摇篮。许

多美国联邦最高法院大法官、司法部长都毕业或执教于此,前任美国总统贝拉克·奥巴马从 1992 年到 2004 年也在此担任宪法学讲师。

芝加哥大学普利兹克医学院(Pritzker School of Medicine)也是用学院捐助人的名字命名的,该院因艾滋病研究、妇女健康和初级护理方面的学术成就而著称。

芝加哥大学在众多学科领域均创立了著名的"芝加哥学派",其覆盖面之广包括经济、社会、建筑、气象、文学和电影批判、数学等。

不仅群星汇聚人才众多,芝加哥大学在学术资源的提供上也不容小觑,不仅拥有世界上最大且收藏量最丰富的图书馆之一的芝加哥大学图书馆,还有展示着古代近东的历史、艺术和考古成果的东方研究所博物馆(The Oriental Institute Museum)、大卫及阿尔弗纳德时尚艺术品博物馆、西半球最大的芝加哥科学与工业博物馆(The Museum of Science and Industry),学子可以尽情地邀游在全

东方研究所博物馆馆内

199

球历史的长河里，从过去到未来。还有印发了大量学术著作和期刊的美国规模最大的大学出版社——芝加哥大学出版社（The University of Chicago Press，UCP）

除了提供雄厚的学术平台供学子畅游，芝加哥大学的校园文艺生活也同样丰富多彩。1932年成立的芝加哥大学的电影社团DOC Films，是全美历史最悠久的电影社团；1955年成立的芝加哥大学本科喜剧剧团成为即兴喜剧的发源地；1964年创办的芝加哥大学当代室内乐团目前已在世界巡演近百场。

芝加哥的校训上写着"益智厚生"，数百年来一直教导着学生们提升知识以充实人生。相信在未来的日子里，这只浴血凤凰会更加璀璨。而这只凤凰的羽翼上，一定也会有更多至美学子的耀眼身姿。

Chapter 3

Lisa 看美国

至美看美国

写在前面的话>>

美国,这个每天被大家关注的国家,无论是喜欢还是不喜欢,无论是想去旅游还是移民留下来,大家都津津乐道。

美国从1776年建国以来,两百多年的历史,是一个年轻的国家。全新的移民来到新发现的美利坚大陆,一起建设全新的政治、经济和文化制度。这样的一个国家,用"美国梦"吸引着全世界各地的人们。

无论这是怎样的一个梦,我们都知道这个国家有太多和我们不一样的地方,无论是制度还是思想,我们也许可以做的是去感受、去观察、去了解、去体验,然后我们可以尝试做出改变,做更好的自己,同时也为我们的国家和民族,更为这个世界,做出我们的贡献。

张蓓(Lisa Zhang)现任至美前程教育集团副总裁 著有《去留学有我,赚美金看你》
联系邮箱:lisazhang@bechina.org

Lisa 看美国
Chapter 3

教育是否真的终结了？>>

2005年钱学森提出世纪之问："为什么我们的学校总是培养不出杰出的人才？"

那时候中国的大学正迎来新世纪的一项教育政策——扩招。这项影响深远的政策是源于1999年教育部出台的《面向21世纪教育振兴行动计划》。文件提出到2010年，高等教育毛入学率将达到适龄青年的15%。而此前中国的大学经历了20世纪50年代初的院系调整、60年代初中期的精简下放、"文革"十年内乱冲击、70年代末的恢复整顿、80年代的稳步发展、90年代的合并重组，一路走到新世纪。

从近百年的历史来看，我们现代实施的高等教育教学体系实际上也是从西方借鉴而来。从19世纪60年代开始，清政府时期设立了一批学堂，以中学为体，西学为用，开启了中国不同于封建时期教育模式的新式教育。再到中华民国时期，中国近现代的高等教育真正开始有所发展。北方有蔡元培以德国高等教育为蓝本，对北京大学进行深刻改造；南方有毕业于哥伦比亚大学的郭秉文吸取美国高等教育之精髓，主持革新国立东南大学，并召集一批留美学生到校任教，使之成为南方能与北京大学分庭抗礼的学术

中心。

新中国成立至今已有六十余载,新世纪也已进入了第二个十年,然而钱学森针对中国教育的发问,似乎没有得到有力的理论上的回答,也没有明显的现实上的改善。那么我们中国的学校为什么培养不出杰出的人才呢?

人活着是为什么?

在纽约的时候,和我们的三个学生一起吃饭逛街,他们无意间讨论的话题,可以从某个侧面帮我们看到美国教育的一些方面。

首先来介绍一下三个学生的背景。一个学生是高中就读于美国的新泽西州的罗格斯预备学校(Rugters Preparatory School)[1],大学本科就读于宾州费城附近的乌尔辛那斯学院(Ursinus College)[2],目前正在纽约理工学院(New York Institute of Technology)[3]攻读计算机专业的硕士学位;一个学生初中开始就读于武汉外国语学校,并且高中到美国读了两年,申请到宾州费城附近的布林莫尔

王靖云(就读于纽约理工学院)和张蓓老师在纽约布鲁克林大桥(Brooklyn Bridge)的合影

学院(Bryn Mawr College)[4]读本科,目前已经获得宾夕法尼亚大学(University of Pennsylvania)的系统工程专业的硕士录取;还有一个学生是本科就读于位于俄亥俄州的迈阿密大学牛津校区(Miami University Oxford)[5],目前正在纽约的普瑞特艺术学院(Pratt Institute)[6]的建筑系继续攻读硕士学位。

当时我们讨论到中国学生初到美国的融入问题,他们回溯刚到美国上学的时候,学校都会安排给国际学生上的英语课,帮助提高他们的英语水平,能够尽快融入课堂。他们说着英语课上不同的讨论问题和演讲展示,突然大家发现,其实似乎所有的主题都是想引起学生的思考:人活着是为什么?

这让我想起耶鲁的前法学院院长安东尼·克龙曼(Anthony T. Kronman)的一本书《教育的终结》(Education's End),副标

余卓雯、张蓓老师和董昊雯在布林莫尔学院的合影

题是"大学何以放弃了对人生意义的追求"(Why our colleges and Universities have given up on the meaning of life?)。当时他担任耶鲁学院(Yale College)教授,引导耶鲁本科大一的新生学习构成西

方传统的基础的哲学、文学、历史和政治方面的经典著作。他感觉人文教育和追寻人生意义的问题被边缘化,似乎大家都对技术和专业学习更感兴趣,所以写了这本书来表达自己的观点。

从克龙曼教授个人的经历来看,"二战"后出生的婴儿潮们经历了美国战后的经济繁荣,少有贫困的心灵阴影,所以跨越了上一代的摇摆与沉默,更具社会责任感,充满激情地参与社会改造的过程。毕业于耶鲁大学法学院的美国前总统克林顿和这位教授都是这一代人的代表。他们都对自己的人生和社会的发展有深深的责任感,通过为社会贡献自己的力量来实现人生的价值。

这位教授写了这本书,真的就表明美国的大学放弃了对人生意义的追求么?

耶鲁大学的"一战"和平纪念碑

恰恰相反,连我们中国的留学生都感受到美国从中学教育到大学本科教育阶段对这个问题的重视。美国学校乃至整个社会都不断强调人活着的意义:实现自己的理想,改变世界,为世界做贡献,让世界变得更公平和更美好。而很多学者因为感受到现实社会中也存在的实用主义这个方面对学生的引导,所以总是在大声疾呼生命的意义,希望引起学生的重视。美国前总统奥巴马在总统就职演讲的时候也说当看到自己的女儿出生的时候,为了她们和更多孩子的笑脸和美好的未来,他希望成为总统,能够改变世界。

反观一下我们在中国接受的教育,日常教学中似乎很少对我们抛出这样的问题。我们得到更多的考验是如何解各种题目和如何背诵政治、语文、历史等需要记忆的所谓的答案。我们认为人为什么活着这样的论题似乎太过形而上,会影响我们孩子的思考能力和发展的步伐。

"人为什么活着"真的这么重要么?

这其实是教育的理念和目标导向性的问题。

中美教育差异何在?

美国的教育是引导学生能够提高自己的各方面能力,尤其是领导力,并在这个过程中引导学生思考人生的意义,最后希望实现的结果是学生利用自己学习到的能力去实现人生的意义,去改变世界,做出自己的贡献。这个思想贯穿美国的基础教育到高等教育,这在申请本科大战中就有很好的体现。美国大学要求学生在申请的时候,除了提供平时成绩(GPA)和各项考试分数,更看重的是学生的背景。所谓的背景,就是看学生参加过哪些学校社团活动,哪些社会实践活动,有没有志愿者相关的经历……这些都是体现学生的参与性和贡献性。并且大学会看在这些活动中学生是否体现出领导能力、学习能力等各种未来社会精英所需要具

备的能力。

为了让学生具备这些能力，美国学校很注重训练学生的思维方式，尤其在创新思维和正向思维两方面。王定华在他的《美国基础教育：观察和研究》一书中也特别强调了美国教育重视孩子们的创新教育和品格教育。这位教育学博士，曾经于2000年上任中国驻纽约总领事馆教育领事、交流与调研组组长。他站在国家合作和交流层面，分析了自己看到的美国基础教育的优势所在。思维方式决定行为方式，正是教育中强调创新和正直，所以学生才能在被教育的过程中不断被激发出想法和建议，并且抱着对社会有所贡献的期望去实践自己的想法和建议。

而中国教育的目标是围绕高考和就业这样两个指挥棒来运转，很少提及人生的意义。其实从中国古代到现在，大家觉得受教育可以让自己有一个好的前程之外，也是提倡大家心里装着社会和民众的，这也是为什么我们会欣赏范仲淹的"先天下之忧而忧"。到了21世纪，似乎我们的教育陷入实用和功利的漩涡而不可自拔，从家长到学生到老师都进入了追逐分数的怪圈。

确实，现在的教育从小升初到初升高的大战，延伸到最后所谓一考定终身的高考，全家总动员，大家齐上阵，一切只为高考服务。到了大学，我们的学生经常跟我们说的话就是"每天都是满课"。我曾经和大学的一些管理者和老师探讨过类似的问题，他们给我的一些意见是：一方面现在学校要发展，必须要抓紧学生的学习；另一方面现在的学生都很迷茫，不给他们多上一点课，他们没事做。老师们说，其实我们也知道学生们很不喜欢现在这样高负荷的课程，但是我们又有什么办法呢？我在想，上了大学以后，如果学生还没有一点空闲的时间去寻找自己的兴趣点，去找到未来发展的方向，而是不断地上课，甚至有些课是重复的，那么他们如何能够毕业后不失业？即使他们可以找到一份工作，他们又如何找到自己人生的意义？

所以程平源在他的《中国教育问题调查》一书中总结了中国基础教育培育出来的学生的三个特点：伪智、缺德和弱体。伪智，指的是学生被训练成为背书的机器，很少有自己的想法，也不能有自己的想法；缺德用一个典型的例子就可以证明，我们的媒体竟然要辩论该不该去扶摔倒在路边的老太太；弱体，就是现在的孩子一天到晚需要坐在书桌前背书，缺乏了锻炼的机会。程平源在南京大学取得本科、硕士和博士学位，现任教于南京师范大学。这位学者对中国教育的特点总结和分享犀利而深刻，让人过目难忘。

我们会发现程平源提到的问题恰恰是王定华看到的美国教育的所长。

美国高等现代教育理念如何形成的？

美国的现代高等教育理念和目标是如何形成的呢？19世纪60年代是一个重要的开始，当时诸如《共和国》(*The Nation*)、《大西洋月刊》(*Atlantic Monthly*)等杂志和日报，都会定期刊登讨论关于高等教育的未来的文章。这些文章的作者一般都有去欧洲考察或学习的经历。

当时德国的大学教育发展受益于威廉·冯·洪堡（Wilhelm von Humboldt，1767—1835），他作为一个外交家，却为德国建立了完善的服务于工业社会的普鲁士教育体系。他创设了洪堡大学，提出了"研究教学合一"的办学理念，他设置了法学、医学、神学和

哲学(自然科学和社会科学)不同的专业来培养学生的实用技能。洪堡大学作为模板在德国和欧洲得到推广,德国大学培养出来的人才为德国的统一和强大做出了贡献。因此美国很多在欧洲深造过的学者都认为,德国大学的这种专业训练应当移植到美国的教育系统。约翰霍普金斯大学就是德国大学理念被引荐到美国所建立的大学,现在他们的官方网站上面第一句话写的就是:"We're America's first research university."(我们是美国第一所研究型的大学。)

另一方面,当时美国的高等教育从殖民地时期开始承继的是欧洲巴黎大学、牛津大学和剑桥大学的人文教育理念,尤其是约翰·纽曼(John Newman,1801—1890)这位牛津的大主教和教育家的理念得到了美国很多大学的认可。他强调大学是传播大行之道(Universal Knowledge),培养有意愿和能力服务社会的人。纽曼的教育思想,主要体现在《大学的理念》(*The Idea of a University*)一书中,这是他关于高等教育理念的一系列演讲的结集,至今还是美国很多大学安排的必读书目。

哈佛大学从2013年推出的新的通识教育计划(General Education)就是践行纽曼理念的例证。哈佛将学生需要涉猎的知识板块分为八个部分:艺术与诠释、文化与信仰、经验推理、伦理推理、生命系统科学、物理世界科学、世界中的社会、世界中的美国,共计400多门课,通过这些课程,让本科生能够明确他们毕业后将成为什么人和他们将过什么样的生活。哥伦比亚大学认为有些人写的书是每个学生毕业之前应该读的,荷马、柏拉图、索福克勒斯、奥古斯丁、康德、黑格尔、马克思、伍尔芙等。因为他们的书是最直接的涉及什么是人以及人可以是什么的书,他们应该成为

Lisa 看美国
Chapter 3

哈佛先生的塑像前永远都是人满为患

每个人的一部分。另外，耶鲁的前校长理查德·查尔斯·莱文（Richard Charles Levin）曾说：如果一个学生从耶鲁大学毕业后，居然拥有了某种很专业的知识和技能，是耶鲁教育最大的失败。这也从某种程度上体现了美国大学对人文教育的重视。

到现在，很多美国大学将纽曼和洪堡的思想相结合，创设了独特的教育理念和目标，实现了美国大学独领风骚的境界，并为社会源源不断输入精英人才。就拿哈佛大学为例，哈佛通过四年的哈佛学院这样的本科学院实施纽曼的理念，进行通识和人文教育，强调本科教育是"非职业专科的"（Not Pre-professional）；同时通过其不同的研究生院，专门培养各个行业和学科的精英人才。再看看耶鲁，也是同样的安排，只是耶鲁的研究生院没有哈佛发展得那么好。即使耶鲁在面对外部世界利益化的冲击下，也变得更为功利，但是这种理想主义依旧在耶鲁得到了延续和重视。这也是为什么前面我们提到耶鲁的克龙曼教授要写《教育的终结》这本书吧。而无论是本科还是研究生的教育，美国的大学都强调要

让学生成为对社会有贡献的人,也就是大学会不断引导学生思考人为什么活着的原因吧。

有一点值得提到的是,理念和制度的实施要靠人来完成。美国大学的现代化演变得益于查尔斯·艾略特(Charles Eliot,1834—1926;哈佛大学第21任校长,1869—1909)和丹尼尔·吉尔曼(Daniel Gilman,1831—1905;约翰霍普金斯大学第1任校长,1876—1901)这样一批伟大的教育家们。艾略特在哈佛四十年的任期,致力于将哈佛学院改造成为现代的世界一流的哈佛大学,将哈佛学院从单纯的培养贵族的教育模式转变成为了适应国家经济和社会发展的综合性大学。而吉尔曼的办学理念就是要把约翰霍普金斯大学办成研究型的、服务于社会的大学。

美国基础教育为何能给高等教育输送优秀人才?

美国的中学生在国际学生调查和竞赛中,总是排名倒数,明显显示出来美国的基础教育效果不佳。所以政府、学术界和工业界都对此很忧虑;而且美国教育考试服务中心的一次民调显示,超过60%的民众认为,如果美国的中学教育再不改革,将会在未来的20年内使美国丧失竞争力。《华尔街日报》也曾以《经济定时炸弹:美国孩子数学垫底》对美国的基础教育质量问题予以深度报道。可是,即便如此,为什么美国的基础教育依旧能够给高等教育输送人才,让高等教育在世界范围内独领风骚呢?

我想答案还是和前面提到的美国教育重视创新教育有很大关系。从历史来看,欧洲人移民到美洲大陆的时候,就需要具备创新精神,去冒险求生和开拓。这种精神会被老师带入课堂,而学生在这样的氛围里成长,具备了开放的思维,他们长大后又来影响他们的孩子。1983 年美国哈佛大学的心理学家霍华德·加德纳(Howard Garnard)在《智能的结构:多元智能理论》一书中提出的智能结构的理论也对创新教育的推进产生了很大影响。他将人的智能结构分为八个部分:语言文字、数学逻辑、视觉空间、身体运动、音乐旋律、人际关系、自我认知和自然观察。从中人们认识到教育应该是以开发学生不同的潜在智能为目标,因此教育应该是引导式的,而不是强迫式和统一式的。

美国的基础教育中重视创新能力的培养,表现在以下几个方面。首先,创新教育通过创造宽松的学习氛围,鼓励学生思考和提问;不给学生设置有所谓标准答案的问题,更多是提出开放式问题。其次,通过分层教学,来实现针对不同程度的学生的教育。再次,创新教育和社会需求和运用结合紧密。美国中小学会创造很多机会让学生进入社会,去观察问题,去思考如何解决问题,而不仅仅把他们圈在学校的校园里面。无论是作为志愿者去参与社区劳动,还是作为小实习生去观摩和参与企业的运营,都给学生的创新学习增加了动力。

当然必须要提到的是,美国高等教育的人才来源还有一个很重要的部分是国际学生。根据美国国际教育协会(Institute of International Education)发布的《2015 年门户开放报告》,2015 年美国新录取的国际留学生总数达到 293766 人,同比增长 8.8%;在美国的国际留学生总数再创新高,达到 974926 人。值得注意的是,美国本来就是一个移民社会,所以即使有美国国籍或绿卡的学生也有可能是不同国家和民族的人;而国际留学生占到高等教育总人数的比例也接近 5%。一方面这些数据的增长,证明美国高等教育的开

放度和吸引力正在不断增强;另一方面正是因为有这样的不同文化和背景的优秀学生一起来到美国学习,对于开拓学生的思维,增加学生看世界的视角,并提高他们的创新性,都大有裨益。

中国的教育未来在哪里?

中国的教育要有所改善,培养出杰出的人才,首当其冲的是要理清教育的理念和目标是什么,否则我们还是会陷在这种高分数在前面召唤、就业压力在后面追赶的泥潭里面。如果我们的大学校长也能够不断进行探讨,高等教育的意义和目标何在,如果我们的大学教室也能徘徊在教学到底是重视人生的意义还是实用的技能,是不是我们的教育也能有所反思和进步?

同时,教育学这门学问,值得全民了解和学习,甚至可以成为小学开始的一门科目。教育不是政府和大学的职责而已,教育更应该是我们每个人成就自我的一种通道。如果大家从小了解教育是什么,以及如何完成更好的教育,也许会变得更好?而当自己成为父母或老师的时候,是不是也会更好地教育自己的孩子和学生?

我觉得中国的教育和未来是大有希望的。前几天看电视里面采访企业家李斌的时候受到很大触动。这位易车网董事长兼首席执行官的太太上台说了一个事情,她跟李斌讨论想自己做点什么事情的时候,李斌说:你是想做点什么还是想改变世界。然后李斌也对自己的儿子说:爸爸希望你将来不仅仅为了自己而生活,而是要为了创造美好的世界而努力。看到现在年轻的科技企业的CEO在日常生活中讨论改变世界,说明这已经是融入骨髓的一个观点。

我相信中国还有很多的年轻人正在思考着并尝试着如何改变世界,当然这群年轻人中也包括我们至美前程的每一个团队成员。我希望更多的年轻人能够感受到中国的新声音和正能量,走出个人的得失和喜忧小世界,去看看更大的世界,为世界和中国做出自己的贡献。

注:

[1] 罗格斯预备学校(Rugters Preparatory School)成立于1766年,是一所包括学前班至十二年级的男女混合独立走读学校。

[2] 乌尔辛那斯学院(Ursinus College)成立于1869年,该校是一所实力雄厚的非宗教文理院校,连续三年被《美国新闻与世界报道》评为"最具潜力且发展迅速的小规模大学"。

[3] 纽约理工学院(New York Institute of Technology)成立于1955年,是美国著名的理工学府,设有八所学院,已连续6年被《美国新闻与世界报道》评为美国优秀的理工学院之一,在美国北部地区院校中享有极高的学术声望。

[4] 布林莫尔学院(Bryn Mawr College)成立于1885年,美国著名百年名校,在2017年《美国新闻与世界报道》文理学院排名中居25名。

[5] 迈阿密大学牛津校区(Miami University Oxford)成立于1809年,是美国历史最悠久的十所公立大学之一,坐落在美国俄亥俄州,是一所男女合校制的公立研究性大学。

[6] 普瑞特艺术学院(Pratt Institute)成立于1887年,位于美国纽约的布鲁克林,是著名的艺术类院校之一,室内设计系排名全美第一,建筑设计系,工业设计系,平面设计系等享誉于美国。

至美看美国

就业高地：硅谷 VS 华尔街 >>

硅谷和华尔街代表了西部的新贵和东部的权威，它们看似较量，内在却有紧密的联系。没有华尔街的资金支持，硅谷是否能一如既往地发展成为世界的创新基地？反过来，如果没有硅谷的技术革新，华尔街的资本是否能手握这样一个如此快速而有效的增值产业？而对我们奔赴美国寻梦的学生们来说，硅谷和华尔街是梦想的起点。

硅谷（Silicon Valley）

这是北加州旧金山半岛南端的圣塔克拉拉县（Santa Clara County）的帕罗奥多市（Palo Alto）到县府圣何塞市（San Jose）的狭长湾区。硅谷的发展经历大概三个时期，首先是从20世纪50年代开始的半导体产业和集成电路产业，那个时候的硅谷是名副其实的硅谷，因为硅的使用是核心要素。从20世纪70年代开始，硅谷进入了信息化时代，由"硬"变"软"，出现了甲骨文这样专门做软件的新商业模式。新世纪开始，硅谷进入了以Google和脸谱为经典代表的后互联网时期，"流量"成为了代名词。

提到硅谷,不得不提到的就是斯坦福大学。这所大学作为硅谷的核心动力,为硅谷企业的创设和运营提供源源不断的人才。这所大学从建立到发展,经历了很多波折。首先是学校 1885 年成立的时候找不到合适的校长,最后是在康奈尔大学的校长安德鲁·怀特(Andrew White,1832—1918)的推荐下,他的学生戴维·乔丹(David Jordan,1851—1931)担任了斯坦福的首任校长。然后,老斯坦福先生 1983 年去世后,财产被冻结,导致斯坦福的运营缺乏资金支持,后来是斯坦福先生的遗孀省吃俭用,用自己的生活费来维持学校的运营,并且前往华盛顿向当时的总统求助,帮助斯坦福渡过了难关。"二战"后,斯坦福再次陷入财务危机,而就是这一次为了解决危机,斯坦福成就了硅谷。

斯坦福大学纪念堂里纪念其创建者利兰

帮助斯坦福渡过这次危机的是当时工学院的院长弗雷德里克·特曼(Frederick Terman,1900—1982)。他建议学校成立斯坦福科技园,对外出租校园土地,引进科技公司来入驻,既可以增加学校的收入,又可以帮学生创业或就业。1953 年,柯达、通用电气、

斯坦福大学纪念堂和罗丹的雕塑群

惠普等公司先后来到斯坦福科技园。这个举措,对加州、美国乃至世界产生了深远的影响,使得特曼教授被称为"硅谷之父"。而斯坦福大学从20世纪50年代开始到现在,是历史上进步最快的大学,成为了西部一所赶上并超越东部常春藤名校的研究型大学,每个学院都能在世界名列前茅。

当然,从学生就业情况来看,硅谷不仅仅是属于加州的学生,而在美国东部上学的学生们也是纷纷闯荡西部,来到了加州。本次采访的在硅谷工作的学生中,有三位都是毕业于东部的以计算机专业闻名的卡内基梅隆大学,还有一位在纽约的哥伦比亚大学读研究生的学生,暑假来到硅谷找实习。

在硅谷,除了有这些脑洞大、有想法的年轻人,更有一种社会和企业氛围去成就这群年轻人,那就是允许创新和不怕失败的宽容精神。通常,大学总是对教授创业持保守的态度,因为教授的职责就是要讲课和做研究。但是在斯坦福,却形成了一股风气,教授纷纷都撸起袖子加油干,很多人创业成功了辞职去专心做公司,公司失败了又回来当教授,成为了一件很平常的事情。同时,教授对于学生们利用学院的资源搞发明创造,实施自己的奇思妙想,也是持开放的态度。杨致远和大卫·费罗(David Filo)就是利用科研之余，用学校的资源做的小项目，后来成立了雅虎这个公司。

除了学校里面，业界也是有项目和人员不断衍生的传统。从"八叛徒"离开肖克利半导体公司，成立著名的仙童，再到仙童的高管和核心技术人员纷纷离开去成立了很多的公司，都能证明这样一种宽容的存在。思科则允许自己的员工在公司内部办公司，也是一个很好的例证，当然这也是思科的一种运营模式。如果用树状图来表达，就有点类似一个家族的发展，从第一代衍生到下面的子子孙孙。

创新，一定会有失败，因为这个世界上不存在百分之百的成功。硅谷对待失败的宽容，让年轻人可以毫无顾忌地去尝试。苹果和 Google 的公司内部都是很多项目同时在做，而用户能看到的发布的产品都是公司内部脱颖而出的项目，而剩下的大部分项目都失败了，所以用户看不到。但是没有人因为项目的失败而被责罚或开除。

这个世界从来不缺的就是年轻人和新奇的想法，缺的是培养年轻人的场所和鼓励创新的氛围。而硅谷的成功恰恰是这两点促成的，这两点又吸引了全世界的优秀年轻人来到了这里，然后这些年轻人又共同创造了硅谷正在发生的神话。

华尔街（Wall Street）

华尔街是纽约曼哈顿区南部从百老汇大道延伸到东河的一条街。曼哈顿这个岛最开始是荷兰人的殖民地，叫新阿姆斯特丹。荷兰人为了抵御英国人的来犯，在华尔街这个地方建了一道木头桩的

至美看美国

墙。后来英国人还是打败了荷兰人,获得了这片土地,并将其改名为新约克(New York),就是我们称的纽约。这道墙被拆了以后,成为了一条街,华尔街也是音译过来的,如果直译的话就是墙街(Wall Street)。而这条街后来慢慢成为了证券交易和金融运营的场所。

华尔街曾经一度还是美国的政治中心,从留存下来的联邦大厅就可以看到痕迹。联邦大厅作为美国独立后的第一个国会大厅,于1789年投入使用,国父华盛顿也是在这里宣誓就职第一任总统。当时建都华盛顿特区,除了满足当时北方和南方政治平衡的需求以外,也是代表大政府主张的亚历山大·汉密尔顿(Alexander Hamilton, 1755—1804)和代表小政府主张的托马斯·杰斐逊(Thomas Jefferson, 1743—1826)的妥协:纽约已经是金融中心,就不能继续承担政治中心的位子,政治要远离当时人们所厌恶的银行家集聚地。

现在华尔街不仅是美国的金融中心,更是世界的金融中心。尽管"9·11"后,有些金融机构的总部搬离了华尔街,2008年金融危机后有一些金融机构消失了,但是这些都并不影响华尔街存在于世界的地位和意义。无论是

联邦大厅门口华盛顿的塑像

Lisa 看美国
Chapter 3

在华尔街上班的学生们,还是尚未从常春藤毕业的学生们,谈起华尔街的时候那种神采奕奕,说明华尔街依旧是学生们向往的地方。而那头立在华尔街街头的铜牛,就完美地象征了股市乃至经济发展的牛气冲天,所以每天和牛合影的人络绎不绝,如果不是身段灵活的人,似乎还很难抢到合影的机会。

华尔街是操控很多产业背后的力量,织成了一张资本之网。

汉密尔顿长眠于华尔街的三一教堂

全世界的大部分优秀的公司都是通过华尔街的资本完成其占领市场走向卓越的蜕变。华尔街的这些资本又是从哪里来的呢?一方面,美国家庭的资产超过三分之一是通过各种基金和投资机构投在了华尔街的金融市场;另一方面,世界各地的资本也纷纷涌入华尔街,寻求资本的增值。

华尔街管理和控制着全世界的资本,所以华尔街对人才的需求量

至美看美国

很大,需要具备强大的内心和高超能力的人才能去维持华尔街的运转。纽约的大学和常春藤的大学很多本科生毕业后都前赴后继地来到华尔街,希望找到自己的位子,并且拥有不一样的人生。尤其是像摩根斯坦利和高盛这样世界顶级的投资银行,成为了学生们最希望进入的企业。

硅谷 & 华尔街

风险投资,又称为创业投资(Venture Capital Investment,VC),根据美国全美风险投资协会的定义,是由职业金融家投入到新兴的、迅速发展的、具有巨大竞争潜力的企业中的一种权益资本。如果投资成功,投资人将获得几倍、几十倍甚至上百倍的回报;如果失败,投进去的钱就亏了。对创业者来讲,使用风险投资创业的最大好处在于即使失败,也不会背上债务。这样就使得年轻人创业成为可能。

从 20 世纪初开始,华尔街就开始了风险投资,只是那个时候还没出现这样的叫法。约翰·皮尔庞特·摩根(John Pierpont Morgan,1837—1913)就是最著名的投资人,他投资了爱迪生的电气公司和后来从它发展起来的通用电气公司。

20 世纪五六十年代,从肖克利半导体公司集体出来的"八叛徒",辗转联系到阿瑟·洛克(Arthur Rock),他帮这八个人联系到了资助过 IBM 创立的菲尔柴尔德的儿子,成立了后来大名鼎鼎的仙童半导体公司,而仙童就是"Fairchild"的意译。而洛克就是来自华尔街的金融家,拿到哈佛大学的 MBA 后,进入海登斯通投资银行工作。尽管刚开始他只是把风险投资当副业,但是他从半导

体公司的投资中赚了不少,并被称为风险投资之父。于是华尔街就这样和硅谷联系起来了。

20世纪七十年代以后,硅谷的风险投资发生了一些改变,那就是慢慢开始有了硅谷本土的投资机构和投资人。他们投给硅谷的新公司,同时他们也投给外地的公司,并要求他们搬到硅谷来,为硅谷第二个阶段的发展助了力。1972年成立的红杉资本(Sequoia Capital)就为苹果、思科、Google等一大批公司的蜕变助了一臂之力。硅谷的风险投资人很多都是自己也曾经创业,深刻理解科技产业的运营和发展,所以他们对所投公司的产品往往会有独到的眼光。像上面提到的红杉资本的创始人唐·瓦伦丁(Don Valentine)就曾经是国家半导体公司的创始人之一,并且担任过著名的仙童公司的副总裁。同样创建于1972年

时代广场的纳斯达克

至美看美国

的凯鹏华盈（KPCB）的创始人也是是仙童公司的共同创始人尤金·克莱纳（Eugene Kleiner, 1923—2003）。

而风险公司要想收回投资，创业公司的成员要想得到回报，那么创业公司要么是被收购，要么上市。承销上市就是把这种成长中的企业和华尔街的投资银行联系起来的又一关键因素。如果一家公司得到了华尔街投资银行的看好，那么它的发展无疑又多了一些筹码。2004年，以摩根斯坦利和苏黎世信贷第一波士顿领头，高盛、花旗等十几家投行参与的Google的上市，是历史上很轰动的一次行动，成为当时互联网泡沫后的整个股市的兴奋点。华尔街会为上市公司定下每个营业额和盈利的预期。如果该公司的运营能够符合甚至超出华尔街的预期，华尔街就会不遗余力地提升该公司的股票价值。这种操控力，是华尔街的能力所在，也是精髓所在。

最后要提到的是，风险投资人除了给硅谷供应了资金，更重要的一点是，他们鼓励年轻人创业，鼓励他们把自己奇妙的想法加以实施，同时他们也暗暗鼓励一些技术人员和工程师从原来的东家出来单干。这些鼓励都为硅谷的创新注入了背后的动力。洛克就是不断给"八叛徒"投资，才衍生了如此多的半导体公司。洛克帮仙童从菲尔柴尔德家族拉到投资后，从仙童公司出来的罗伯特·诺伊斯（Robert Noyce, 1927—1990）和戈登·摩尔（Gordon Moore）还是找到洛克筹集了资金，开创了全球最大的半导体公司——英特尔。

世界的硅谷和华尔街

很多人说硅谷不是美国或加州的硅谷，而是世界的电子科技产业

和信息创新产业中心。硅谷就像一个磁铁吸引着世界各国的优秀科技人员和名校毕业生;硅谷也是世界运转的一个有力引擎,拉动世界经济的增长。而华尔街,我们更是称其为世界金融中心,在曼哈顿这个小岛上面对世界经济的发展做出自己的安排和引导。这种世界性除了来自于移民所共建的社会,来自于他们面对世界用户的产品,更来自于他们的理念——改变世界。

Google 的共同创始人、来自俄罗斯的谢尔盖·布林(Sergey Brin)就是一个有很多奇妙想法的人,他做事情不仅仅是为了赚钱,而是要把自己的想法予以实施,要大家看到世界的变化。比如 Google 的无人驾驶汽车、Google 眼镜以及 Google 在医疗领域做出的努力都是这方面的努力。Google 开启的是互联网时代的一扇新大门。还有建立苹果帝国的有阿拉伯血统的史蒂夫·乔布斯(Steve Jobs)、代表新生时代的脸谱的有犹太血统的马克·扎克伯格(Mark Zuckerberg)、引领未来生活潮流的斯特拉电动车和美国太空探索技术公司的设计者来自俄罗斯的埃隆·马斯克

在脸谱的 logo 前排队照相的人们

（Elon Musk）……这些有着不同血统的硅谷的耀眼明星，他们都在过去、现在和未来改变着世界。

我们看看华尔街，也在上演一样的故事。尽管华尔街象征着对金钱的无尽的贪婪，但是我们依然可以看到银行家们的社会情怀和世界眼光。最典型的例子就是老摩根和约翰·洛克菲勒（John Rockefeller）。20世纪初发生金融危机时，美国没有中央银行，无法为市场注入流动性资金来平息挤兑风波。老摩根出钱出力，协调财政部，找来各大银行的老板，一起协力帮助渡过危机。而事后，老摩根也成为了1913年正式成立的美国联邦储备银行系统（简称美联储）的发起人。还有一件值得一提的事情是老摩根不仅是世界闻名的银行家，也曾经担任纽约大都会艺术博物馆的董事长，为其成为世界顶级博物馆做出了突出的贡献。而洛克菲勒家族，在老洛克菲勒的带领下，为世界慈善和文化艺术做出了巨大的贡献。

那么，你准备好带着改变世界的情怀奔赴美国了么？

美国的那些点滴>>

不一样的街头艺人

到纽约的第一天,入住时代广场附近的酒店,正好就看到大名鼎鼎的布尔克[1]。布尔克凭借自己的半裸牛仔形象叱咤纽约,似乎已经成为了时代广场的地标,看到他,并且和他合影,成为了到时代广场的一个经典环节。他曾多次参加"美国偶像"等选秀节目,虽然都失败了,但还是给他迎来了不小的名气。但是他不仅仅是一个

布尔克和游客合影后正在收取费用

至美看美国

普通的街头艺人,他还曾参加纽约市的市长竞选,并在竞选宣言中宣称会让政治更加透明,并承诺税收优惠、支持同性婚姻等。最后他虽然退出了竞选,但是同样为自己赚足了眼球。布尔克还为自己的"裸体牛仔"形象注册了商标。

这样有代表意义的街头艺人,全世界也屈指可数,或许是纽约的包容给了他舞台空间,或许是他曾经的母校——俄亥俄州的辛辛那提大学给他的培养和灵感。但无论如何,他在纽约的时代广场,这个世界的脉搏上,挥洒着他的人生,并且坚持了二十年。我们说一个人要成功,其实有很多方法去达到目标,当然也有很多的标准去评价成功,但是一个人从事街头艺人的职业都能够做到世界闻名,也是一种成功吧,或许也是对我们的生活和艺术的一种贡献。

无处不在的洛克菲勒家族

位于曼哈顿中城的地标性建筑洛克菲勒中心,是由十九栋商业楼组成的楼群,每栋楼底层都是相通的。其中最高的一栋楼——通

通用大楼正门的框架装饰由李·劳瑞(Lee Lawrie)设计,刻有"智慧和知识将是未来时代的稳定之基"("Wisdom and Knowledge shall be the stability of thy times")

用大楼（GE Building），建于 1933 年，高 259 米，因为 1986 年通用电气公司的总部迁入而命名，另外美国全国广播公司（NBC）也在这栋楼里面。这一系列的建筑群是小洛克菲勒投资建设，建成后也是以老洛克菲勒的唯一的儿子小洛克菲勒的名字来命名，并成为了当时世界上最大的都市建筑群，也是当时流行的"装饰艺术"的代表作品。

小洛克菲勒的夫人艾比，创设的纽约现代艺术博物馆（Museum of Modern Art，MoMA），为纽约成为 20 世纪新艺术形式的中心做了很大贡献。现在馆藏的梵高的《星夜》、莫奈的《睡莲》、毕加索的《亚维农的少女》、达利的《记忆的永恒》……都是爱好艺术的人一定要去现场观摩的名作。而艾比在 1936 年被《时代》杂志选为封面人物，并被誉为"美国艺术家的杰出个人赞助者"。

洛克菲勒大学，也是洛克菲勒家族创建。多

夜色中的现代艺术博物馆

年来，洛克菲勒大学的实验室中有二十多位科学家获得诺贝尔奖。当前，洛克菲勒大学及其研究人员致力于研究困扰社会的主要疾病与健康问题。不得不提到的是中国北京的协和医院也是洛克菲勒基金会创办，创院开始就希望建成为亚洲最好的医学中心。

商业、艺术、生物医学……洛克菲勒家族用自己的力量从各个方面为世界做着自己的贡献。

当小布什总统上任后，试图让取消遗产税的议案在议院通过，但是比尔·盖茨的父亲、巴菲特、索罗斯还有洛克菲勒家族联名向美国国会递交请愿书，要求不要取消遗产税。为什么呢？因为遗产税所带给美国政府的收入是用于社会保障和教育等领域的投入。他们认为取消遗产税会让富人永远富有，穷人永远贫穷，而且他们也不希望自己的子孙躺在遗产上面睡大觉。而巴菲特和比尔·盖茨的"巴比计划"更是动员美国的富豪们进行大规模的慈善捐赠。洛克菲勒家族也参与了该计划。

这就是美国的顶级富豪，他们用自己的能力积聚财富，同时他们也用自己的方式来回馈社会。

中国的身影

在美国的街头，我们可以看到很多中国的元素，也是中国融入世界的小小细节体现。有时候大家会说：我想去中国人比较少的地方留学。可是，换个角度想，中国人多的地方，也是繁华的地方；另一方面，中国的发展也是华人可以立足世界各地的一个大背景。

Lisa 看美国
Chapter 3

中国银行在时代广场的大幅广告

《中国日报》(China Daily)在纽约大学附近的街区

在南加州大学遇到一个热心的工作人员，也许不是热心，而是加州的阳光赋予的热情，她带我去校园每个她喜欢的建筑参观，她会给每个建筑排序，告诉我这是她第一喜欢的楼，那是她第二喜欢的楼，并且带我到楼里面去看她喜欢的细节。路上她告诉我她有很多的中国朋友，并且准备兼职做点小生意。她给我看手机里面保存的阿里巴巴的页面，准备采购中国制造的小商品。路上，

我们遇到另外一个工作人员,她用中文告诉我她是加州大学欧文分校毕业的,现在南加大工作。上大学的时候,她就一直跟一个朋友学中文。

也许我们可以说是加州或者南加大的中国人比较多,但是这是不是也从侧面说明,中国的影响力在提升呢?无论从我们的语言还是从我们的商业,我们正大踏步走在 21 世纪的进程中!

注:

[1]布尔克原名叫罗伯特·约翰·伯克,美籍男子,现在时代广场卖艺为生,美国著名的"裸体牛仔"。

Appendix

附 录

中美使领馆信息>>

美国驻华大使馆和领事馆

美国驻华大使馆
地址:北京市朝阳区安家楼路55号
电话:010-85313000

美国驻成都总领事馆
地址:成都市领事馆路4号
电话:.028-85583992

美国驻广州总领事馆
地址:广州市天河区珠江新城华夏路(靠近地铁3号线或5号线珠江新城站B1出口)
电话:020-38145000

美国驻上海总领事馆
地址:上海市淮海中路1469号(近乌鲁木齐南路)
电话:021- 80112200

美国驻沈阳总领事馆

地址:和平区十四纬路52号 110003

电话:024-23221198

美国驻武汉总领事馆

地址:武汉市江汉区建设大道568号 新世界国贸大厦I座4701室

电话:027-85557791

中国驻美国大使馆和领事馆

中国驻美国大使馆

地址:3505 International Place,N.W. Washington,D.C.20008 U.S.A.

电话:+001-202-495-2266

中国驻美国大使馆签证处

地址:2201 Wisconsin Avenue,NW,Suite 110 Washington,D.C.20007 U.S.A.

电话:+001-202-337-1956

中国驻纽约总领事馆

地址: 520, 12 Avenue, New York, NY 10036

电话:+001-212-2449392 / +001-212-2449456

中国驻旧金山总领事馆

地址:1450 Laguna Street, San Francisco CA 94115

电话:+001- 415-852-5900

中国驻洛杉矶总领事馆

地址:443 Shatto Place,Los Angeles, CA 90020

电话：+001-213-807-8071

中国驻芝加哥总领事馆

地址：100 west Erie Street Chicago,IL60654 USA

电话：+001-312-803-0095

中国驻休斯顿总领事馆

地址：3417 Montrose Boulevard , Houston , Texas 77006

电话：+001-713-520-1462

美国留学规划——留学注意事项

◇ 护照办理

办理地点:一般是在您户口所在地的公安机关出入境管理机构办理。县级及县级以上公安局都可以。

所需材料:身份证、户口本(如果是大学集体户口,到学校拿自己的户口页),同时需要照护照照片(请着正装,带 U 盘,复制电子档回来)

办理费用:200 元人民币,现场照相 40 ~ 60 元。

注:因政策变化等原因,具体信息请登录您当地的公安局出入境管理局网查询。

◇ 成绩单

开成绩单的时间点:一是网申打包寄件的时候(盖章中英文成绩单,盖章中英文在读证明,装在学校的信封里面,信封封口盖章);二是拿到毕业证、学位证以后开好完整的成绩单(盖章中英文成

绩单,盖章中英文毕业证、学位证,装在学校的信封里面,信封封口盖章),完整的成绩单在毕业的时候可以开 5~10 份留作以后备用。

注意:同时在学校教务处购买学校信纸一打,学校信封 30~50 个,为推荐信做准备。

◇ 推荐信

推荐信类型:分为网推和纸推,具体怎么选择,因学校和专业而定。

备注:有关推荐人的选择和推荐信网推、纸推如何做,可以预约咨询 400-0086-880。

◇ 银行相关事宜

信用卡:网申提交申请的时候要用到。万事达卡(Master)或者 Visa 卡都可以,尽量不要选择美国运通卡(American Express)(国内有少数银行有这种类型卡)。联系客服开通网上支付功能、双币支付功能和短信提醒功能。

存款证明:申请博士不需要;申请本硕,网申和签证两个时段需要开存款证明。

环球汇票:有些学校在网申时不能用信用卡支付;有些学校在交定金时会要求,这两种情况都会使用到汇票。一般来说中国银行和光大银行都可以购买汇票,需要提前预约。

美国运通旅行支票:在第一次出境可以换旅行支票随身携带,遗

失比较方便立即挂失,可以作为现金使用,在境外交学费和住宿费。(出入境随身携带现金不能超过 5000 美元)。

境外汇款:交学费时有时候学校会提供学校账户供汇款用。

◇ 打包寄件

请不要用平邮(时间长、易丢失)和挂号信(时间长),请选择快递方式,最好不要拼包,可以选择 UPS 或者 DHL。

快递地址不要选择 POBOX 的地址。

快递时不要在里面再加包装,但要准备 CHECKING LIST。

◇ 机票

第一次出入境尽量选择直航(避免在境外转机,比方说有时候在日本转机的还需要办理日本过境签证,很麻烦),行李重量请提前跟航空公司确认。通常入境美国的三大机场城市:洛杉矶、芝加哥、纽约。

至美看美国

CBE 中国简介

"CBE 中国"是至美前程国际教育旗下的国际交流组织。CBE 中国始终秉承"Connect（连结世界），Benefit（嘉惠社会），Exploration（探索自我）"的宗旨，致力于发展国际间志愿者工作以及国际间跨文化交流项目，是国际教育以及国际交流领先的全球的专业组织。

"CBE 中国"成立于北京，致力推广国际交流项目，与全国各高校国际交流部合作多年，旨在为广大学生提供合法、安全、便捷的出国实习交流通道。

◇ **最适合中国学生的背景提升项目：打造名企精英实力光环**

美国 SIW 华尔街金融实训

美国纽约华尔街投行实习项目将为学员打开金融市场的广阔视野。您将深刻了解对冲基金、投资银行及商业银行之间的资本关系。学员将会读懂欧元、美元、日元、澳元等基础货币,结合世界主流金融数据信息平台来分析国际市场基本面关系。也会学会如何观察黄金、石油等稀有资源来放眼全球市场布局。在学习这些知识后,学员将明白如何利用大数据判读金融市场的情绪,做出大概率的胜利决策。

伦敦帝国财富管理实训

为期两周的课程,为学员提供资产管理全过程的从金融产品到投资组合策略必要知识和信息,涵盖了深度了解金融市场的引擎及市场动态,不同金融产品背后的设计思路和计算估值,帮助学员架构符合自身特点的投资策略。在课程结束之时,学员可以自信独立地进行市场分析,观察市场动态,并在持续的实践中优化投资策略。

英国保诚集团资产管理、香港 FMP 集团资产管理实训(香港)

CBE 中国联手英国保诚集团、富卫集团、香港交易所、香港金融管理局、金银业贸易场、康宏金融控股、友邦保险、智易金融集团等多家世界级公司,带学员走进国际金融中心——香港,在多家世界级金融机构参与实训,系统学习金融专业技能,全方位接触金融行业,帮助学员在毕业前选择最适合自己的金融工作,为职业发展打下坚实铺垫,并收获实习证明及优秀个人推荐信。

上海国际投资实训

CBE 中国联手全球顶尖金融集团在上海开设国际投资项目,为专注于未来从事投资岗位的大学生提供专业的指导,旨在为金融初学者或是希望转向金融行业的学员提供一个进入金融行业成为初级交易员的通道,让他们能够在金融行业有一个起步。项目

至美看美国

设计坚持以大学生职业发展为主导,项目期间镶嵌,职业规划辅导,简历修改环节,帮助学员在全球金融发展和创新过程中。更好地搭上新时代的金融快车,抓住金融发展大趋势。

◇ 最具性价比的国际体验项目:零费用圆你美国梦

暑期赴美带薪实习

"大学生暑期赴美带薪实习"项目是美国联邦政府开放给外国学生利用假期赴美工作和旅游的机会,目的是让外国学生通过该项目了解美国文化,促进不同文化背景间的相互交流,加深了解,消除隔阂。授权机构实际操作,美国企业接收,大使馆高度重视的官方教育交流项目。该项目已在中国成功运作近10年,学生持J1签证进入美国,在工作之余便可在美境内自助旅游或实地体验美国生活。与美国学生同工同酬,所获薪水与总体支出费用持平,毫无经济压力,圆你美国梦!

◇ 最具人气的国际志愿者项目:丰富心灵的公益旅行

斯里兰卡海龟保护志愿者项目

斯里兰卡地处热带,属热带海洋性气候,但受海风影响,并不酷热。项目营地位于斯里兰卡著名的佛教之都安巴兰哥达的兰卡南部沿海,是斯里兰卡政府评定的最大海龟繁殖保护基地。当地的金色沙滩闻名遐迩,还有木偶戏,魔鬼之舞,月光石和古董家具等特色文化,茶园种植、宝石、叶子和香料等,也是声名远播。项目致力于救助和保护印度洋中濒临灭绝的五种海龟,为它们创造安全健康的生存环境。

巴厘岛海归保护+志愿教学+文化体验项目

巴厘岛有"诗之岛""天堂岛"等美称,是天然的度假胜地。巴厘岛之美远不止于秀丽的风景,在文化艺术方面,印尼也散发着独特的魅力。它的文化历史和艺术,对不论来自何方的参观游览者,都具有极大的吸引力。项目将带志愿者参观乌布王宫、猴子森林、水神庙等著名景点,学习当地基本语言,制作传统制花、布画,参与水神祭祀。在海龟避难所打扫海龟巢穴、海滩巡逻,为避难所清理和收集珊瑚,改善环境。为当地学生教授英语,感受生命最初的纯真与质朴。

中国大熊猫保护志愿者项目

项目营地位于四川雅安,是目前国内最大的熊猫基地,在全球仅存1600只大熊猫的严峻形势下,本项目给学员提供了一次与大熊猫亲近的独一无二的机会,学员的志愿服务将会极大帮助基地更好地保护这些濒危的物种,当然,学员还会遇见一群来自国外的志愿者,如果想要锻炼口语,那就不要错过这个绝佳的和外国志愿者相处的机会。

肯尼亚文化体验+志愿教学项目

文化周将为志愿者提供学习更多肯尼亚文化、生活方式以及历史的机会。同时,志愿者将看到最美的景色。志愿者将通过烹饪、语言课、新家周围的风景、游玩东非大裂谷和其他自然景观以及与当地人的接触,学习到肯尼亚文化。

肯尼亚的当地学生,特别在村落地区,很少与国际接触。虽然英

语是他们的官方语言之一,却很少有机会接触学习。说好英语无疑将造福他们的未来。在教学周,志愿者会被分配到当地的小学、初中或者高中。学生年龄段是6~18周岁。志愿者需要自己规划安排课堂。这些课程都可以非正式的方式进行,所以有创造力的课堂是十分推荐的!

图书在版编目(CIP)数据

"至美"看美国 / 至美前程教育集团著. -- 北京：中国商业出版社，2017.9

ISBN 978-7-5208-0030-3

Ⅰ.①至… Ⅱ.①至… Ⅲ.①留学教育—概况—美国 Ⅳ.①G649.712.8

中国版本图书馆CIP数据核字(2017)第223793号

责任编辑　朱丽丽

中国商业出版社出版发行
010-63180647　www.c-cbook.com
(100053　北京广安门内报国寺1号)
新华书店经销
武汉远浩彩色包装印务有限公司
* * * *
880毫米×1230毫米　32开　8印张　200千字
2017年11月第1版　2017年11月第1次印刷
定价：48.00元
* * * *
(如有印装质量问题可更换)